ELIANA ALMEIDA e ANINHA ABREU

Vamos Trabalhar
CADERNO DE ATIVIDADES

LÍNGUA PORTUGUESA • MATEMÁTICA • HISTÓRIA • GEOGRAFIA • CIÊNCIAS

NOME

PROFESSOR

ESCOLA

2º ANO
ENSINO FUNDAMENTAL

Editora do Brasil

Dados Internacionais de Catalogação na Publicação (CIP)
(Câmara Brasileira do Livro, SP, Brasil)

Almeida, Eliana
  Vamos trabalhar : caderno de atividades, 2º ano : língua portuguesa, matemática, história, geografia, ciências / Eliana Almeida e Aninha Abreu. -- São Paulo : Editora do Brasil, 2015.

  Bibliografia.
  ISBN 978-85-10-06058-5 (aluno)
  ISBN 978-85-10-06059-2 (professor)

  1. Ciências (Ensino fundamental) 2. Geografia (Ensino fundamental) 3. História (Ensino fundamental) 4. Língua portuguesa (Ensino fundamental) 5. Matemática (Ensino fundamental) I. Abreu, Aninha. II. Título.

15-06318   CDD-372.19

Índices para catálogo sistemático:
1. Ensino integrado : Livros-texto : Ensino fundamental 372.19

© Editora do Brasil S.A., 2015
Todos os direitos reservados

Direção-geral: Vicente Tortamano Avanso
Direção adjunta: Maria Lucia Kerr Cavalcante de Queiroz

Direção editorial: Cibele Mendes Curto Santos
Gerência editorial: Felipe Ramos Poletti
Supervisão editorial: Erika Caldin
Supervisão de arte, editoração e produção digital: Adelaide Carolina Cerutti
Supervisão de direitos autorais: Marilisa Bertolone Mendes
Supervisão de controle de processos editoriais: Marta Dias Portero
Supervisão de revisão: Dora Helena Feres
Consultoria de iconografia: Tempo Composto Col. de Dados Ltda.

Coordenação de edição: Carla Felix Lopes
Assistência editorial: Juliana Pavoni e Monika Kratzer
Auxílio editorial: Natália Santos
Coordenação de revisão: Otacilio Palareti
Copidesque: Ricardo Liberal
Revisão: Ana Carla Ximenes
Coordenação de iconografia: Léo Burgos
Pesquisa iconográfica: Karina Tengan
Coordenação de arte: Maria Aparecida Alves
Assistência de arte: Samira de Souza
Design gráfico: Samira de Souza
Capa: Andrea Melo
Imagem de capa: André Aguiar
Ilustrações: Alberto di Stefano, Alexandre Matos, André Aguiar, Bruna Ishihara, Camila de Godoy, DAE (Departamento de Arte e Editoração) Flip Estúdio, Marcos Guilherme, Paulo José, Roberto Weigand, Simone Ziasch e Waldomiro Neto
Coordenação de editoração eletrônica: Abdonildo José de Lima Santos
Editoração eletrônica: Adriana Albano e Sérgio Rocha
Licenciamentos de textos: Cinthya Utiyama, Paula Harue Tozaki e Renata Garbellini
Coordenação de produção CPE: Leila P. Jungstedt
Controle de processos editoriais: Beatriz Villanueva, Bruna Alves, Carlos Nunes e Rafael Machado

O Pequeno Príncipe. Trademark Protected. LPP612Property. LUK Marcas de Valor (www.opequenoprincipe.com). "Le Petit Prince", "O Pequeno Príncipe", os personagens e as principais citações do livro são marcas de Succession de Antoine de Saint-Exupéry, representada no Brasil por LuK Marcas de Valor Ltda. Todos os direitos reservados.

Os poemas *O Elefantinho* e *O Relógio* de autoria de Vinicius de Moraes foram autorizados pela VM EMPREENDIMENTOS ARTÍSTICOS E CULTURAIS LTDA., além de: © VM e © CIA. DAS LETRAS (EDITORA SCHWARCZ).

1ª edição / 13ª impressão, 2025
Impresso na Hawaii Gráfica e Editora.

Avenida das Nações Unidas, 12901
Torre Oeste, 20º andar
São Paulo, SP – CEP: 04578-910
Fone: +55 11 3226-0211
www.editoradobrasil.com.br

APRESENTAÇÃO

Querido aluno,
Este poema foi feito especialmente para você.

Aprender
É bom brincar, correr, pular e sonhar.
Agora chegou a hora de
ler, escrever e contar.
Com o livro *Vamos trabalhar*,
descobertas você fará.
E muito longe chegará.

Língua Portuguesa, Matemática,
História, Geografia e Ciências.
Tudo isso você estudará.
Contas, frases, poemas, histórias e textos.
Muitas coisas para falar, guardar e lembrar.

Um abraço e bom estudo!
As autoras

AS AUTORAS

Eliana Almeida

- Licenciada em Artes Práticas
- Psicopedagoga clínica e institucional
- Especialista em Fonoaudiologia (área de concentração em Linguagem)
- Pós-graduada em Metodologia do Ensino da Língua Portuguesa e Literatura Brasileira
- Psicanalista clínica e terapeuta holística
- Master practitioner em Programação Neurolinguística
- Aplicadora do Programa de Enriquecimento Instrumental do professor Reuven Feuerstein
- Educadora e consultora pedagógica na rede particular de ensino
- Autora de vários livros didáticos

A meus amados pais, Elionário e Maria José; minhas filhas, Juliana e Fabiana; meu filho, Fernando; meus netos, Raiana e Caio Antônio; e meus generosos irmãos, todo o meu amor.

Eliana

Aninha Abreu

- Licenciada em Pedagogia
- Psicopedagoga clínica e institucional
- Especialista em Educação Infantil e Educação Especial
- Gestora de instituições educacionais do Ensino Fundamental e do Ensino Médio
- Educadora e consultora pedagógica na rede particular de ensino
- Autora de vários livros didáticos

Agradeço a Deus e a toda minha família pelo apoio, carinho e compreensão!

Aninha

"O essencial é invisível aos olhos."
(Antoine de Saint-Exupéry)

SUMÁRIO

Língua Portuguesa

Alfabeto 7
    Revisando o alfabeto 9
Uso das letras maiúsculas e minúsculas 11
    Revisando o uso das letras maiúsculas
    e minúsculas 13
Encontro vocálico 15
    Revisando os encontros vocálicos 17
Sílaba 19
Palavra 21
Encontro consonantal 23
Palavras com AS, ES, IS, OS e US 25
Palavras com H 27
Palavras com CH, LH e NH 29
    Revisando palavras com CH, LH e NH.. 31
Frase 33
Frases afirmativas e negativas 35
    Revisando as frases afirmativas
    e negativas 37
Palavras com QUA, QUE e QUI 39
Til 41
Substantivos próprios e comuns 43
    Revisando substantivos próprios
    e comuns 45
Substantivos masculinos e femininos 47
    Revisando os substantivos masculinos e
    femininos 49

S com som de Z 51
Palavras com S e SS 53
Sinais de pontuação 55
    Revisando os sinais de pontuação I 57
    Revisando os sinais de pontuação II 59
Substantivos singular e plural 61
Acento agudo e acento circunflexo 63
    Revisando o acento agudo e o acento
    circunflexo 65
Sons da letra G 67
Palavras com R inicial 69
Palavras com R entre vogais e RR 71
Substantivos nos graus diminutivo
e aumentativo 73
Palavras com BR, CR, DR, FR, GR, PR, TR e
VR 75
Palavras com BL, CL, FL, GL, PL e TL 77
Adjetivos 79
Palavras com AN, EN, IN, ON e UN 81
Palavras com P e B 83
M antes de P e B 85
Palavras com AL, EL, IL, OL e UL 87
Travessão e dois-pontos 89
Sinônimo e antônimo 91
    Revisando sinônimo e antônimo 93
Palavras com F e V 95
Palavras com D e T 97
Sons da letra X 99

Cedilha 101
   Revisando a cedilha 103
Palavras com AR, ER, IR, OR e UR 105
Verbo 107
   Revisando verbos 109
Verbos no infinitivo 111
Tempos verbais 113
   Revisando tempos verbais 115

Matemática

Algarismos 117
Estudando os números 119
Sinais de > (maior que), < (menor que)
e = (igual) 121
Ordem crescente e ordem decrescente .. 123
Adição 125
Sistema de numeração decimal 127
Subtração 129
Dezenas exatas 131
Ampliando o estudo sobre o sistema de
numeração decimal 133
Adição com três ou mais parcelas 135
Um pouco mais sobre o sistema de
numeração decimal, adição e subtração ...137
Adição com dezenas e unidades 139
   Revisando os números de 1 a 99 141
Subtração com dezenas e unidades 143
Adição com reserva 145
Subtração com recurso 147
Centenas 149
Multiplicação 151
Um pouco mais de multiplicação 153
Prova real da adição e da subtração 155
   Revisando a multiplicação 157
Dobro e triplo 159
Divisão 161
   Revisando sistema de numeração,
   multiplicação e divisão 163
Metade de um número 165
Números pares e números ímpares 167
Dúzia e meia dúzia 169
Números ordinais 171
Nosso dinheiro 173
   Revisando as centenas 175
   Revisando as operações matemáticas ...177
Medidas de tempo 179
O ano 181
Medida de comprimento 183
Medida de massa 185
Medida de capacidade 187
Geometria – sólidos geométricos 189
Pirâmide 191
Cilindro 193
Sólidos que rolam e sólidos que
não rolam 195
Geometria – Formas geométricas planas ..197

História

Eu sou criança 201
Sou cidadão: tenho documentos 203
Não vivo só! 205
Deveres e direitos 207
Tenho o direito de brincar 209
Brinquedos de outros tempos 211
Ontem, hoje e amanhã 213
Organizando o tempo 215
Minha escola 217

Geografia

As moradias 219
Os vizinhos 221
A rua onde moro 223
Observando o lugar onde moro 225
O bairro 227
Os serviços públicos oferecidos
nos bairros 229
A escola 231
Os meios de transporte 233
O trânsito no bairro 235

Ciências

Nosso planeta Terra 237
Seres vivos e elementos não vivos 238
Ambientes do planeta Terra 239
Cuidados com o ambiente 240
Animais 241
Plantas 243
Ser humano 245
Reprodução do ser humano 247
Desenvolvimento do ser humano 248
Corpo humano 249
Alimentos 251
Sentidos 253
Um pouco mais sobre os sentidos 255

NOME: _____ DATA: _____

Alfabeto

Alfabeto é o conjunto de 26 letras usadas para escrever.

Atividades

1 Conheça o alfabeto maiúsculo e minúsculo, em letra cursiva e em letra de imprensa.

A a	B b	C c	D d	E e	F f
G g	H h	I i	J j	K k	L l
M m	N n	O o	P p	Q q	R r
S s	T t	U u	V v	W w	X x
Y y	Z z				

Língua Portuguesa 7

2 Escreva as vogais maiúsculas e minúsculas em letra cursiva.

_____

3 Escreva as consoantes maiúsculas e minúsculas em letra cursiva.

_____

_____

4 Escreva um nome de objeto iniciado com cada letra do alfabeto.

a - _____   n - _____

b - _____   o - _____

c - _____   p - _____

d - _____   q - _____

e - _____   r - _____

f - _____   s - _____

g - _____   t - _____

h - _____   u - _____

i - _____   v - _____

j - _____   w - _____

k - _____   x - _____

l - _____   y - _____

m - _____   z - _____

5 Escreva os nomes a seguir em ordem alfabética.

| Zélia | Maria | Sávio | Amanda | Daniel |
| Bela | Hugo | Yago | Cristiane | Eliana |

_____

_____

Língua Portuguesa

NOME: _____ DATA: _____

Revisando o alfabeto

Vamos ler

Alfabeto

Encontrei um ursinho de pelúcia,
No seu bolso tinha bordado:
"Pertence a Maria".

Resolvi devolver o ursinho.
Foi então que apareceram:
Maria Auxiliadora
Maria Betânia
Maria Cristina
Maria Doroteia
Maria Eugenia
Maria Francisca
Maria Galdina
Maria Helena
Maria Inês
Maria Joaquina
Maria Luiza
Maria Moema
Maria Noêmia
Maria Oneida
Maria Paula
Maria Quitéria
Maria Rita
Maria Sandra
Maria Telma
Maria Ubirajara
Maria Verônica
Maria Ximenes
Maria Zuleide.

Descobri que o ursinho
Pertence a todas as Marias,
Que eram filhas
De uma única Maria:
Maria Alfabeto.

André Neves. *Poesias dão nomes ou nomes dão poesias?* 2. ed.
São Paulo: Ave-Maria, 2005. p. 14-15. (Selo Mundo Mirim).

Atividades

1 Circule no poema "Alfabeto" a letra inicial de seu nome ou escreva-a a seguir, caso não tenha aparecido no poema.

_____

2 Complete os nomes retirados do poema com vogais maiúsculas ou minúsculas.

a) Fr_nc_sc_
b) _n_s
c) H_l_n_
d) _b_r_j_r
e) B_t_m_
f) R_t_

3 Complete as palavras com consoantes maiúsculas ou minúsculas.

a) bi_ic_eta
b) es_a_a
c) _eb_a
d) _a_i_a
e) ba_a_a
f) _u_so

4 Complete o alfabeto com as letras que estão faltando.

Aa Bb ___ Dd ___
___ Gg ___ Ii ___
Kk ___ ___ Nn ___
___ Qq ___ Ss ___
Uu ___ Ww ___ Yy Zz

NOME: _____ DATA: _____

Uso das letras maiúsculas e minúsculas

Vamos ler

Alice, Anabela e Andréa
São amigas de Anacleto.
Seus nomes todos começam
Com "**A**" do alfabeto.
[...]

Amigas. Inserido na obra *Ciranda do ABC*. Autoria: Phyllis Reily. 1ª ed. Campinas: Papirus, 2009. p. 3.

> Usamos **letras maiúsculas** no início do nome de pessoas, animais, países, cidades, rios, ruas. Também usamos letras maiúsculas no começo das frases.
> Usamos **letras minúsculas** para escrever nomes comuns, como nomes de roupas, profissões, comidas, brinquedos, móveis e outras coisas.

Atividades

1. Copie do poema os nomes de pessoas.

_____

2. Escreva seu nome e o de algumas pessoas de sua família.

_____

Língua Portuguesa

3) Observe as imagens e escreva o nome delas com letra cursiva minúscula.

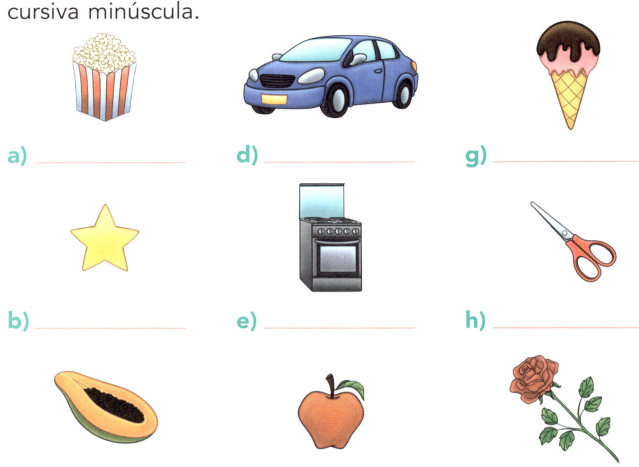

a) _____ d) _____ g) _____

b) _____ e) _____ h) _____

c) _____ f) _____ i) _____

4) Complete as palavras usando letra maiúscula ou minúscula.

a) ___ na   d) ___ aderno   g) ___ elevisão

b) ___ ahia   e) ___ ábio   h) ___ ápis

c) ___ vião   f) ___ apai   i) ___ arla

5) Preencha as informações a seguir empregando corretamente as letras maiúsculas e minúsculas.

a) Nome da escola onde você estuda.

_____

b) Nome de um colega da escola onde você estuda.

_____

c) Nome da cidade onde você mora.

_____

NOME: _____ DATA: _____

Revisando o uso das letras maiúsculas e minúsculas

Vamos cantar

Gente tem sobrenome

Todas as coisas têm nome,
Casa, janela e jardim.
Coisas não têm sobrenome,
Mas a gente sim.
Todas as flores têm nome:
Rosa, camélia e jasmim.
Flores não têm sobrenome,
Mas a gente sim.

O Jô é Soares, Caetano é Veloso,
O Ary foi Barroso também.
Entre os que são Jorge
Tem um Jorge Amado
E um outro que é o Jorge Ben.
Quem tem apelido,
Dedé, Zacharias, Mussum e a Fafá de Belém.
Tem sempre um nome e depois do nome
Tem sobrenome também.
[...]

Toquinho/Elifas Andreato. © by Universal MUS PUB MGB Brasil Ltda./
Tonga Edições Musicais.

Língua Portuguesa 13

Atividades

1 Copie da letra da música o nome de coisas que não têm sobrenome.

_____

_____

2 Copie da letra da música o nome e o sobrenome das pessoas citadas.

_____

_____

3 Escreva seu nome e sobrenome.

_____

_____

4 Vamos fazer um acróstico com nomes? Siga o exemplo.

> **Acróstico** é uma composição textual em que as letras iniciais, intermediárias ou finais de cada verso, quando lidas na vertical, formam uma palavra ou frase.

E ducada

D inâmica

U nida

A legre

R isonha

D ivertida

A miga

C _____

L _____

E _____

B _____

E _____

R _____

5 Agora, no caderno, faça um acróstico com seu nome.

NOME: _____ DATA: _____

Encontro vocálico

Vamos cantar

Pai Francisco
Pai Francisco entrou na roda
Tocando seu violão
(baran bam bam bam)

Vem de lá seu delegado
E Pai Francisco foi pra prisão.

Como ele vem todo requebrado
Parece um boneco desengonçado.

Como ele vem todo requebrado
Parece um boneco desengonçado.

Cantiga.

Encontros vocálicos são duas ou mais vogais juntas na mesma palavra.

Atividades

1 Circule na cantiga as palavras com encontros vocálicos e escreva-as a seguir.

_____

_____

Língua Portuguesa 15

2 Circule os encontros vocálicos nas palavras a seguir e escreva-os ao lado delas.

a) noite _____   g) dia _____

b) papai _____   h) papagaio _____

c) saudade _____   i) Paulo _____

d) mamãe _____   j) canoa _____

e) Paraguai _____   k) meu _____

f) água _____   l) pegou _____

3 Complete o nome das imagens com encontros vocálicos.

a) tes___ra   e) p___   i) c___xa

 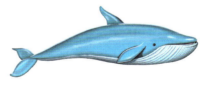 

b) viol___   f) bal___   j) cad___ra

c) c___lho   g) cor___   k) l___

d) p___xe   h) melanc___   l) mel___

Revisando os encontros vocálicos

Vamos ler

Meio-dia,
Macaco assobia
Panela no fogo
Barriga vazia.

Parlenda.

> **Lembre-se:** o **encontro vocálico** pode ser em uma mesma sílaba ou em sílabas diferentes.
> Observe: mei-o; as-so-bi-a; di-a; va-zi-a.

Atividades

1 Separe as sílabas das palavras a seguir, conte-as e escreva o número no quadro ao lado delas. Veja o exemplo.

a) coroa ____co-ro-a____ [3]

b) leoa _____ [ ]

c) papagaio _____ [ ]

d) piada _____ [ ]

e) baú _____ [ ]

f) uruguaio _____ [ ]

2) Forme palavras com encontros vocálicos usando as sílabas do quadro a seguir.

au	o	ão	ro	le	a	do	ou	pe
di	pi	vi	ca	go	de	la	lão	a

a) _____   f) _____

b) _____   g) _____

c) _____   h) _____

d) _____   i) _____

e) _____   j) _____

3) Observe as cenas e ligue-as ao encontro vocálico correspondente a elas.

a)     Ui!

b)    Au!

c)    Ei!

d)   Oi!

NOME: _____ DATA: _____

Sílaba

Vamos ler

Viva eu
Viva tu
Viva o rabo do tatu!

Parlenda.

Sílaba é o conjunto de um ou mais sons pronunciados em uma única emissão de voz.
Em outras palavras, **sílaba** é cada um dos "pedacinhos" que formam as palavras.

Atividades

1 Leia a seguir algumas palavras retiradas da parlenda. Depois, escreva quantas letras e sílabas cada uma delas apresenta. Veja o exemplo.

a) *viva* — 4 letras / 2 sílabas

b) *rabo* — ___ letras / ___ sílabas

c) *tu* — ___ letras / ___ sílaba

d) *tatu* — ___ letras / ___ sílabas

Língua Portuguesa 19

2 Conte as sílabas das palavras a seguir e escreva o número no quadro ao lado delas.

a) batata ☐   e) televisão ☐

b) sol ☐   f) caderno ☐

c) cajá ☐   g) café ☐

d) hipopótamo ☐   h) pipa ☐

3 Separe as sílabas das palavras a seguir, conte-as e escreva o número no quadro ao lado delas.

a) macaco _____ ☐

b) esmeralda _____ ☐

c) pé _____ ☐

d) literatura _____ ☐

e) sala _____ ☐

f) alemão _____ ☐

4 Circule a sílaba inicial de cada palavra.

a) mochila   c) livro   e) borracha

b) caderno   d) lápis   f) apontador

Língua Portuguesa

Palavra

As **palavras** podem ter uma, duas, três, quatro ou mais sílabas.

Atividades

1 Ordene as sílabas e escreva as palavras formadas.

a) CA TU NO

_____

b) MI GA FOR

_____

c) MAR LO TE

_____

d) MA LE CA ÃO

_____

e) MO GO RAN

_____

f) TE LEI

_____

2 Forme palavras com as sílabas a seguir e escreva-as no quadro.

| PO | PA | CA | TA | PE | DO | A | TE | PI | DA | DE |

a) _____ e) _____ i) _____

b) _____ f) _____ j) _____

c) _____ g) _____ k) _____

d) _____ h) _____ l) _____

Língua Portuguesa 21

3 Encontre e pinte no diagrama as palavras que estão em destaque no texto a seguir.

> O conjunto de LETRAS chama-se ALFABETO. Quando falamos usamos SONS. Quando escrevemos usamos letras MAIÚSCULAS no início do NOME de pessoas, ANIMAIS, países, cidades, RIOS e também no início de FRASES; usamos letras MINÚSCULAS para escrever nomes de OBJETOS.

Q	E	I	V	C	W	R	I	O	S	Y	Ó
A	D	C	F	G	P	R	P	B	X	Ç	M
L	E	T	R	A	S	K	Á	P	Q	S	T
U	A	C	B	D	Ú	Q	P	O	R	L	J
V	X	M	A	I	Ú	S	C	U	L	A	S
W	L	N	M	P	O	R	Q	T	S	V	U
Ú	Y	I	A	L	F	A	B	E	T	O	Ç
A	Ç	B	C	A	V	T	Ç	O	N	M	J
Q	W	B	W	S	O	N	S	K	D	C	É
G	C	T	S	K	Ç	O	A	B	C	L	Ú
H	A	N	I	M	A	I	S	Y	U	É	F
G	D	H	J	Y	I	K	L	J	Ç	M	N
F	R	A	S	E	S	Ç	Q	P	O	R	Q
S	E	T	V	W	K	Z	N	O	M	E	W
Ú	S	U	G	Z	H	R	Y	I	X	Z	J
X	M	I	N	Ú	S	C	U	L	A	S	Ç
Q	P	O	R	Q	P	O	R	J	V	M	N
W	O	H	O	B	J	E	T	O	S	P	U

4 Escreva com letra cursiva as palavras encontradas no diagrama.

_____

_____

_____

22 Língua Portuguesa

NOME: _____ DATA: _____

Encontro consonantal

Vamos cantar

Foi na loja do mestre André
Foi na loja do mestre André
Que eu comprei um tamborzinho
Tum, tum, tum, um tamborzinho

Foi na loja do mestre André
Que eu comprei uma guitarrinha
Plim, plim, plim, uma guitarrinha
Tum, tum, tum, um tamborzinho

Foi na loja do mestre André
Que eu comprei uma flautinha
Flim, flim, flim, uma flautinha
Plim, plim, plim, uma guitarrinha
Tum, tum, tum, um tamborzinho

Foi na loja do mestre André
Que eu comprei uma cornetinha
Bi, bi, bi, uma cornetinha
Flim, flim, flim, uma flautinha
Plim, plim, plim, uma guitarrinha
Tum, tum, tum, um tamborzinho

Cantiga.

Encontro consonantal é a sequência de duas ou mais consoantes que são pronunciadas com sons distintos. Pode ocorrer na mesma sílaba ou em sílabas diferentes.

Língua Portuguesa

Atividades

1 Circule na cantiga as palavras com encontro consonantal e escreva-as a seguir.

_____

_____

2 Utilize a letra *r* para formar novas palavras com encontro consonantal. Veja o modelo.

pato – *prato*

a) cavo _____
b) bota _____
c) fita _____
d) faca _____
e) tato _____
f) coque _____

3 Separe as sílabas das palavras a seguir e escreva o encontro consonantal.

a) torta _____
b) corpo _____
c) réptil _____
d) cacto _____
e) costa _____

> Estes encontros consonantais ficam em sílabas separadas!

f) vidro _____
g) atleta _____
h) tigre _____
i) bicicleta _____
j) prima _____

> Estes encontros consonantais ficam na mesma sílaba!

24 Língua Portuguesa

NOME: _____ DATA: _____

Palavras com AS, ES, IS, OS e US

Vamos ler

O elefantinho
Onde vais, elefantinho
Correndo pelo caminho
Assim tão desconsolado?
Andas perdido, bichinho
Espetaste o pé no espinho
Que sentes, pobre coitado?

– Estou com um medo danado
Encontrei um passarinho!

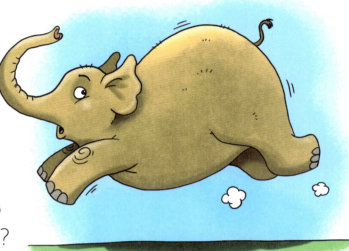

O elefantinho. Vinicius de Moraes. In: *A arca da Noé*: Poemas infantis. São Paulo: Cia. das Letras, Editora Schwarcz Ltda., 1991. p. 36.

Atividades

1 Circule no poema as palavras com **as**, **es**, **is**, **os** e **us** e escreva-as a seguir.

_____
_____

2 Pinte as sílabas que apresentam **as**, **es**, **is**, **os** e **us** nas palavras a seguir. Depois, separe suas sílabas.

a) astro _____   e) espelho _____
b) floresta _____   f) mosca _____
c) susto _____   g) cesta _____
d) máscara _____   h) fusca _____

3 Complete as palavras com *as*, *es*, *is*, *os* ou *us* e escreva-as.

a) ônib___

b) b___coito

c) ___pada

d) ___no

e) m___quito

f) ___quilo

g) ócul___

h) ___cova

i) v___tido

j) c___telo

k) láp___

l) ___piga

4 Utilize a letra *s* para formar novas palavras. Veja o exemplo.

pata – *pasta*

a) caco _____

b) gota _____

c) bata _____

d) peca _____

e) capa _____

f) pato _____

g) pote _____

h) rico _____

26 Língua Portuguesa

NOME: _____ DATA: _____

Palavras com H

Vamos ler

O que há,
o que há,
com o agá
que a gente sabe
e vê que há,
mas na hora de falar
nem parece que há?

Elias José. *Quem lê com pressa tropeça*. 2. ed. Belo Horizonte: Lê, 2009. p. 10.

A letra **h** no começo de palavras não apresenta som.

Atividades

1 Complete as palavras a seguir com h ou H e escreva-as.

a) __otel

b) __oje

c) __omem

d) __elena

e) __ospital

f) __igiene

g) __orta

h) __ugo

i) __ino

2 Ligue cada palavra à imagem que corresponde a ela.

a) hipopótamo

b) holofote

c) homem

d) harpa

e) hélice

3 Separe as sílabas das palavras a seguir, conte-as e escreva o número no quadro ao lado delas.

a) habilidade _____

b) hora _____

c) hematoma _____

d) homem _____

e) honesto _____

f) horizonte _____

NOME: _____ DATA: _____

Palavras com CH, LH e NH

Vamos ler

Tiziu
Irrequieto,
Pretinho
E brincalhão.

Quando canta
Seu nome,
Dá um pulinho
E se esquece
Do chão.

Lalau e Laurabeatriz. *Fora da gaiola e outras poesias*. São Paulo: Companhia das Letrinhas, 1995. p. 12.

> Quando a letra **h** aparece depois de **c, l** e **n**, ela modifica o som da sílaba e também o significado da palavra.
> Na separação de sílabas, essas letras permanecem juntas.

Atividades

1 Circule no poema as palavras com **ch**, **lh** e **nh** e escreva-as a seguir.

_____

_____

Língua Portuguesa 29

2 Utilize a letra *h* para formar palavras com *ch*. Veja o exemplo.

fica – *ficha*

a) camada _____
b) bico _____
c) capa _____
d) cama _____
e) caco _____
f) lance _____

3 Utilize a letra *h* para formar palavras com *lh*. Veja o exemplo.

mala – *malha*

a) vela _____
b) fila _____
c) bola _____
d) galo _____
e) tela _____
f) falou _____
g) rola _____

4 Reescreva as palavras e separe suas sílabas. Veja o exemplo.

a) galinha *galinha* *ga-li-nha*
b) dinheiro _____ _____
c) ninho _____ _____
d) gafanhoto _____ _____
e) minhoca _____ _____
f) padrinho _____ _____

Língua Portuguesa

NOME: _____ DATA: _____

Revisando palavras com CH, LH e NH

Atividades

1 Junte as letras para formar palavras.

cha — ve _____
cha — péu _____

chu — va _____
chu — teira _____

fari — nha _____
rai — nha _____

so — nho _____
ba — nho _____

joe — lho _____
coe — lho _____

agu — lha _____
ore — lha _____

mi — lho _____
o — lho _____

toa — lha _____
meda — lha _____

Vamos brincar

1 Observe as imagens e complete o diagrama de palavras.

1.
2.
3.
4.
5.
6.
7.
8.
9.
10.

						1.	G				
						2.	A				
3.							L				
				4.			I				
			5.				N				
					6.		H				
	7.						E				
				8.			I				
9.							R				
					10.		O				

NOME: _____ DATA: _____

Frase
Vamos ler

O leão e o rato

Certo dia, o leão dormia tranquilamente quando foi acordado por um ratinho que corria por cima dele. O leão imediatamente agarrou o ratinho e abriu o bocão para engoli-lo.

– Perdoa-me! – gritou o ratinho. – Perdoa-me e nunca me esquecerei disso. Posso lhe ser útil algum dia que precisar de ajuda.

O leão então levantou a pata e o deixou partir.

Dias depois, o leão acabou preso numa armadilha feita por caçadores e ficou amarrado a uma árvore.

O ratinho, passando pelo local, lembrou-se da promessa feita ao leão e roeu as cordas que o prendiam.

E foi assim que um pequeno rato salvou o rei dos animais.
Moral: Não devemos subestimar os outros.

Jean de La Fontaine.

Frase é uma palavra ou conjunto de palavras com sentido completo, que transmite uma informação. Começa com letra maiúscula e termina com um sinal de pontuação.

Língua Portuguesa

Atividades

1 Complete as frases de acordo com a fábula.

a) Certo dia, o _____ dormia tranquilamente quando foi acordado por um _____ que corria por cima dele.

b) O _____ então levantou a _____ e o deixou partir.

2 Complete as frases da parlenda a seguir com as palavras do quadro.

espicha – lagartixa – cochicha

Quem _____ o rabo _____.

Come pão com _____.

3 Reescreva as frases dando nome às imagens.

a) No  há alguns ⬭⬭.

_____

b) O 🏰 é do 🤴 Salomão.

_____

34 Língua Portuguesa

Frases afirmativas e negativas

Vamos ler

Frases afirmativas declaram informações afirmativas.
Frases negativas declaram negações.

Atividades

1 Copie as frases do diálogo acima nos lugares indicados.

a) frase afirmativa

_____

b) frase negativa

_____

2 Ligue corretamente as frases à sua classificação.

a) Ontem não joguei bola. •
b) Fiz macarrão para o jantar. •
c) Plantei um pé de feijão no quintal. •
d) Não quero me atrasar. •

afirmativa

negativa

3 Leia as frases e escreva **A** para frase afirmativa e **N** para negativa.

a) João foi ao cinema com Eliana.

b) A menina não sabe nadar.

c) O vestido que escolhi para o baile é vermelho.

d) O gato bebeu todo o leite da tigela.

e) Eu não devo desobedecer meus pais.

f) A fila do banco não está andando.

4 Escreva uma frase afirmativa e uma negativa para cada cena abaixo.

a)

Afirmativa: _____

Negativa: _____

b)

Afirmativa: _____

Negativa: _____

Revisando as frases afirmativas e negativas

Vamos ler

Altos preparativos
João pica pão,
Maria mexe angu,
Teresa põe a mesa,
Tião limpa o chão,
Lia lava a pia,
Hugo tempera tudo,
Cida gela bebida,
Dasdores acerta as flores,
Fia tira fotografia
e um batalhão completa a ação.

Tudo no jeito,
prontinho e perfeito
pra posse do prefeito.

Elias José. *Segredinhos de amor.* 2. ed. São Paulo: Moderna, 2002. p. 32.

Atividades

1 Assinale as frases que **não** estão de acordo com o poema.

a) ☐ João pica o mamão.

b) ☐ Maria mexe o angu.

c) ☐ Lia lava os pratos.

d) ☐ Cida gela bebida.

e) ☐ Fia lava a pia.

f) ☐ Tudo desfeito na posse do prefeito.

2 As frases a seguir foram retiradas do poema. Organize-as no quadro seguindo o exemplo.

a) João pica o pão.
b) Maria mexe angu.
c) Teresa põe a mesa.
d) Tião limpa o chão.
e) Hugo tempera tudo.
f) Dasdores acerta as flores.

Quem?	O que faz?
João	pica o pão.

3 Complete as frases usando as palavras do quadro.

> couro – nada – Guto – não

a) O pato _____ no rio.

b) O ônibus _____ parou no ponto.

c) _____ leu um livro interessante.

d) Meu chapéu não é de _____.

NOME: _____ DATA: _____

Palavras com QUA, QUE e QUI

Vamos ler

Está no quadro, está no queijo,
e no queixo do Quinzinho.
Está no quilo de quiabo
e no meio do Floquinho.

Tem no quarto e na quitanda,
no quimono e no quiosque.
No começo do quintal
e no fim de todo bosque.

Mauricio de Sousa e Yara Maura Silva. *Turma da Mônica e o ABC*.
São Paulo: Ed. Mauricio de Sousa, 2009.

A letra **q** vem sempre acompanhada pela letra **u**.

Atividades

1 Copie do poema as palavras com **qua**, **que** e **qui**.

_____
_____

2 Escolha uma palavra da atividade anterior e crie com ela uma frase afirmativa e outra negativa.

_____
_____
_____

Língua Portuguesa

3 Complete as palavras com **qua**, **que** ou **qui**.

a) ____dro

b) brin____do

c) ra____te

d) ____be

e) ____abo

f) es____lo

4 Junte as letras para formar palavras.

a) **qua**
- ti_____
- tro_____
- renta_____

b) **que**
- rido_____
- rubim_____
- brar_____

c) **qui**
- tanda_____
- lo_____
- lombo_____

40 Língua Portuguesa

NOME: _____ DATA: _____

Til

Vamos ler

O sabichão
do camaleão
tem roupa
de montão.
Camisinha
amarelinha,
verde no roupão,
blusa pintadinha,
azul no jaquetão.
Esse camaleão!
Troca de roupa
como troca de humor,
que coisa mais louca
é saber a sua cor.

Wania Amarante. *Cobras e lagartos*. São Paulo: FTD, 2011. p. 37.

O **til** (~) é usado nas vogais **a** e **o** para indicar o som nasal.

Atividades

1 Circule no poema as palavras com **ão** e escreva-as a seguir.

_____

_____

Língua Portuguesa 41

2 Forme palavras com **ão** usando as sílabas a seguir.

| PI | CA | A | ÃO | VI | GA | MA | LE | JO |

a) _____   d) _____
b) _____   e) _____
c) _____   f) _____

3 Separe as sílabas das palavras a seguir.

a) camaleão _____   e) fogão _____
b) sabichão _____   f) violão _____
c) anões _____   g) algodão _____
d) caminhão _____   h) limões _____

4 Leia a parlenda a seguir. Depois, reescreva-a com letra cursiva colocando o **til** nas palavras, quando necessário.

Pulga toca flauta
Perereca, violao
Piolho pequenininho
Também toca rabecao.
       Parlenda.

5 Leia as palavras e circule as que apresentam **til**.

a) lá   f) moça   k) romã
b) maçã   g) manha   l) café
c) Roma   h) pão   m) amanhã
d) anã   i) Ana   n) bombom
e) algodão   j) lã   o) irmã

Língua Portuguesa

NOME: _____ DATA: _____

Substantivos próprios e comuns

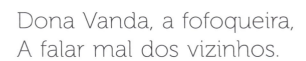

O circo chegou na cidade
E o povo correu para ver.
Todos estão convidados
Todos podem aparecer.
[...]

Entre a mágica e a fantasia,
Lá dentro do picadeiro
Tudo pode acontecer.
Vamos ver quem vem primeiro
Ninguém vai querer perder!
[...]

Dona Rosa, a quituteira,
Vem com um cesto de docinhos.

Dona Vanda, a fofoqueira,
A falar mal dos vizinhos.

Seu Joaquim, o barbeiro,
Já está com o bilhete na mão.
Pois o circo, o dia inteiro,
É o assunto do salão.

Nye Ribeiro. *Lá vem o circo*. São Paulo: Roda e Cia, 2008. p. 3 e 8.

Todas as coisas do mundo têm nome: objetos, animais, pessoas, lugares, sentimentos, elementos da natureza. Esses nomes são chamados de **substantivos**.
O **substantivo comum** dá nome a seres e coisas da mesma espécie. É escrito com letra minúscula, a não ser que esteja no início de uma frase.
O **substantivo próprio** dá nome a seres e coisas de forma particular, diferenciada do restante da espécie. É escrito com letra maiúscula.

Língua Portuguesa 43

Atividades

1 Leia o poema novamente. Circule de **vermelho** três substantivos comuns e de **azul** três substantivos próprios.

2 Copie os substantivos a seguir na coluna correta.

avião	Milena	joelho	Rita
carro	Estela	cachorro	Brasil
José	gato	Bahia	Rex
pão	Amazonas	caneta	
Sofia	navio	telefone	

Substantivo comum	Substantivo próprio

3 Forme uma frase usando:

a) um substantivo comum;

_____

_____

b) um substantivo próprio.

_____

_____

Língua Portuguesa

Revisando substantivos próprios e comuns

Vamos ler

As tias

A tia Catarina
cata a linha

A tia Teresa
bota a mesa.

A tia Ceição
amassa o pão.

A tia Iraci
ri que ri.

A tia Joana
é a grande mana.

A tia Lela
espia da janela.

A tia Dora
só namora.

A tia Cema
teima que teima.

A tia Maria
dorme de dia.

A tia Tininha
faz rosquinha.

A tia Marta
corta a bata.

A tia Salima
fecha a rima.

Elias José. *Namorinho de portão*. 2 ed. São Paulo: Moderna, 2002. p. 45.

Atividades

1 Responda às questões a seguir.

a) Quantos substantivos próprios aparecem no poema?

_____

b) Esses substantivos próprios dão nome a quê?

_____

c) Circule no poema os substantivos comuns.

2 Organize no diagrama os nomes próprios a seguir.

~~Cláudio~~   Oto   Cássia   Diana

Caio   Ivo   Dalila   Luan

C
L
Á
U
D
I
O

3 Ordene as sílabas e forme nomes de estados brasileiros.

a) gi – Ser – pe _____

b) ra – nhão – Ma _____

c) A – zo – nas – ma _____

d) ra – Pa – ba – í _____

e) co – nam – bu – Per _____

NOME: _____ DATA: _____

Substantivos masculinos e femininos

Vamos ler

O pássaro

Um **pássaro** não encontrou a **pássara**
E voou voou voou voou
um voo-raio,
um voo ríspido,
um voo raro.

E o pássaro
cortou o espaço como aço,
cheio de raiva.

Ao ver a pássara de volta,
sem mais revolta,
O pássaro sacudiu bem as asas.

Abriu bem o bico
Em beijos e abraços
E quero mais.

E não vi nada mais...

Elias José. *Cadê o bicho, cadê?* São Paulo: Planeta, 2012. p. 42.

> Na língua portuguesa as palavras podem ser classificadas em dois gêneros: masculino e feminino.
> Um substantivo é **masculino** quando podemos colocar **o, os, um** ou **uns** antes dele. Um substantivo é **feminino** quando podemos colocar **a, as, uma** ou **umas** antes dele.

Língua Portuguesa

Atividades

1 Coloque **o** ou **a** antes dos substantivos a seguir.

a) ___ cavalo
b) ___ laranja
c) ___ rosa
d) ___ copo
e) ___ fogão
f) ___ panela
g) ___ sol
h) ___ sofá
i) ___ noite
j) ___ escola
k) ___ igreja
l) ___ bode
m) ___ praia
n) ___ professor
o) ___ telefone
p) ___ mar
q) ___ elefante
r) ___ caderno

2 Complete as frases com *um*, *uns*, *uma* ou *umas*.

a) Comprei ___ jarro e ___ flores.

b) João é ___ menino feliz.

c) Tenho ___ bois e ___ vaca.

d) Mamãe tem ___ filho e ___ filha.

e) No castelo há ___ rei e ___ rainha.

3 Escreva o feminino dos substantivos a seguir.

a) pato ___
b) avô ___
c) tio ___
d) menino ___
e) peru ___
f) porco ___
g) filho ___
h) médico ___
i) amigo ___
j) primo ___

Língua Portuguesa

Revisando os substantivos masculinos e femininos

Vamos ler

A **galinha** pintadinha
E o galo Carijó.
A galinha usa saia
E o **galo** paletó.

Parlenda.

Alguns substantivos apresentam formas diferentes para o masculino e o feminino.

Atividades

1 Ligue os substantivos formando pares.

a) leão • • mãe

b) galo • • leoa

c) homem • • égua

d) pai • • galinha

e) boi • • mulher

f) carneiro • • vaca

g) cavalo • • ovelha

Língua Portuguesa

2 Separe os substantivos na tabela a seguir.

menino	filha	cachorro
vizinha	coelho	autora
peru	aluna	professora
madrinha	macaco	rapaz

Masculino	Feminino

3 Dos substantivos da atividade 2, quais apresentam formas diferentes para o masculino e o feminino? Escreva-os.

_____

_____

4 Ligue corretamente os substantivos aos termos que os definem.

a) amiga •

b) vassouras •

c) carro •

d) copos •

e) vaca •

f) livros •

g) cabelo •

h) roupas •

o

a

os

as

50 Língua Portuguesa

S com som de Z

Vamos cantar

A canoa virou
A canoa virou
Por deixar ela virar
Foi por causa do Zezinho
Que não soube remar

Tiriri pra lá
Tiriri pra cá
Zezinho é belo
E vai se casar.

Cantiga.

Quando a letra **s** aparece sozinha entre vogais, ela tem som de **z**.

Atividades

1. Circule na cantiga as palavras que apresentam **s** com som de **z**.

2. Escreva duas palavras com a letra **s** com som de **z**.

Língua Portuguesa

3 Forme palavras que apresentem a letra **s** com som de **z** usando as sílabas do quadro a seguir.

| A | RO | CA | VA | MI | SA | PE | VI | SO | SI | TA | CO |

a) _____ f) _____

b) _____ g) _____

c) _____ h) _____

d) _____ i) _____

e) _____ j) _____

4 Observe as imagens e complete o diagrama de palavras.

NOME: _____ DATA: _____

Palavras com S e SS

Vamos cantar

Se essa rua fosse minha

Se essa rua, se essa rua fosse minha,
Eu mandava, eu mandava ladrilhar,
Com pedrinhas, com pedrinhas de brilhantes,
Para o meu, para o meu amor passar.

Nessa rua, nessa rua tem um bosque,
Que se chama, que se chama solidão,
Dentro dele, dentro dele mora um anjo,
Que roubou, que roubou meu coração.

Se eu roubei, se eu roubei teu coração,
Tu roubaste, tu roubaste o meu também.
Se eu roubei, se eu roubei teu coração,
É porque, é porque te quero bem.

Cantiga.

> A letra **s** no início e no final de palavras, bem como no final de sílabas, apresenta o som de **s**.
> Para que o **s** entre vogais mantenha o som de **s**, ele precisa ser dobrado, assim: **ss**.
> Lembre-se de que não começamos palavras com **ss**, pois eles estão sempre entre as vogais.

Atividades

1 Leia novamente a cantiga prestando atenção às palavras escritas com a letra **s**. O que você percebeu?

2 Com lápis **vermelho**, circule na cantiga as palavras com **ss**.

3 Com lápis **azul**, sublinhe na cantiga as palavras com **s**.

4 Leia as palavras a seguir e reescreva-as na coluna correta.

urso	inseto	girassol	classe
missa	gesso	pássaro	salsicha
ganso	pulso	osso	
fossa	manso	bolsa	

S	SS

5 Separe as sílabas das palavras a seguir. Depois, conte o número de sílabas e letras e preencha os quadros.

                                        Sílabas   **Letras**

a) tosse _____

b) passarinho _____

c) curso _____

d) dinossauro _____

e) sino _____

f) assadeira _____

g) pêssego _____

Língua Portuguesa

 NOME: _____ DATA: _____

Sinais de pontuação
Vamos ler

A bola

A bola se enrola toda quando a gente joga bola. Nunca vi nada mais gordo que uma bola!

A bola é igual uma cara e, além do mais, dá risada! É alegre, a bola. Ela pula de pura felicidade!

Mas em matéria de bola o que é mais engraçado é o problema do lado.

– Mas bola tem lado?
– Bobo!
Claro que ela tem. Tem todos!

Renata Pallottini. *Café com leite*. São Paulo: Quinteto Editorial, 1988. p. 11.

O **ponto final (.)** é usado para indicar que uma frase afirmativa ou negativa terminou.

A **vírgula (,)** indica uma pequena pausa no texto. É usada também para separar elementos em uma enumeração.

O **ponto de interrogação (?)** é usado no final da frase para indicar uma pergunta.

O **ponto de exclamação (!)** é usado no final da frase para indicar alegria, tristeza, surpresa, medo, admiração.

Atividades

1 Marque um **X** no ☐ correto de acordo com o poema.

a) Qual é o assunto do poema?

☐ Boneca.   ☐ Bola.   ☐ Boliche.

b) Ela é igual a quê?

☐ Perna.   ☐ Cabeça.   ☐ Cara.

c) Ela tem quantos lados?

☐ Todos.   ☐ Nenhum.   ☐ Dez.

2 Faça o que se pede.

a) Sublinhe no poema uma frase que tenha ponto final.

b) Circule as vírgulas que aparecem no poema.

c) Copie do poema a frase que apresenta o ponto de interrogação.

_____

d) Copie do texto uma frase que apresenta o ponto de exclamação.

_____

_____

3 Observe a imagem e escreva uma frase para cada indicação a seguir.

a) Frase com ponto de interrogação.

_____

_____

b) Frase com ponto de exclamação.

_____

_____

NOME: _____ DATA: _____

Revisando os sinais de pontuação I

Vamos ler

Ziraldo. *Maluquinho por arte – Histórias em que a Turma pinta e borda*. 2. ed. São Paulo: Globo, 2010. p. 32.

Atividades

1 Copie da história em quadrinhos uma frase exclamativa que contenha vírgula.

_____

_____

Língua Portuguesa 57

2 Leia as frases a seguir e circule o ponto de exclamação.
a) Parabéns! Que festa bonita!
b) Obrigada por sua presença!
c) Tirei nota 10 na prova de Língua Portuguesa!
d) Uau, esse passeio foi radical!

3 Transforme as frases afirmativas em frases exclamativas. Veja o exemplo.

> O bolo é gostoso.
> Que bolo gostoso!

a) A cidade é bonita.
_____

b) Este carro é grande.
_____

c) Minha roupa está suja.
_____

d) O sorvete está gostoso.
_____

4 Use **.** ou **!** no final das frases a seguir.

a) A menina é estudiosa ☐

b) Que comida saborosa ☐

c) Parabéns ☐ Você está linda ☐

d) Que pena ☐ O filme acabou ☐

e) Hoje é domingo ☐

f) Eu preciso de sua ajuda ☐

g) Como é bom ter amigos ☐

Revisando os sinais de pontuação II

Vamos ler

Ziraldo. *Maluquinho por arte – Histórias em que a Turma pinta e borda*. 2. ed. São Paulo: Globo, 2010. p. 21.

Atividades

1. Pinte os balões de fala em que aparece o ponto de interrogação. Depois, responda oralmente: Quantos balões você pintou?

2. Copie da história em quadrinhos as frases interrogativas.

_____

_____

3. Copie da história em quadrinhos as frases que contêm vírgula.

_____

_____

Língua Portuguesa

4 Leia cada frase a seguir e ligue-a ao quadro que indica a pontuação utilizada.

a) O meu país é o Brasil.

b) Que noite estrelada!

c) Vamos ao cinema?

d) Teremos aula de Música hoje?

e) Já arrumei as malas para viajar.

- ponto de interrogação
- ponto final
- ponto de exclamação

5 Use . ou ? no final das frases a seguir.

a) Gosto de pudim de chocolate ☐

b) De quem é este livro de histórias ☐

c) O carro de Alex é bonito ☐

d) Vamos brincar de esconde-esconde ☐

e) Por que tenho de acordar cedo hoje ☐

6 Responda às perguntas a seguir. Não se esqueça de usar a pontuação adequada.

a) Qual é o nome de sua escola?

_____

b) Qual é o nome de seu professor?

_____

c) Você tem algum animal de estimação? Se tem, qual é o nome dele?

_____

d) Qual é a brincadeira de que você mais gosta?

_____

Língua Portuguesa

NOME: _____ DATA: _____

Substantivos singular e plural

Vamos ler

As formigas

Cautelosas e prudentes,
O caminho atravessando,
As formigas diligentes
Vão andando, vão andando...

Marcham em filas cerradas;
Não se separam; espiam
De um lado e de outro, assustadas,
E das pedras se desviam.
[...]

Esta carrega a migalha;
Outra, com passo discreto,
Leva um pedaço de palha;
Outra, uma pata de inseto.
[...]

Recordai-vos todo dia
Das lições da natureza:
O trabalho e a economia
São as bases da riqueza.

Olavo Bilac. *Poesias infantis*. São Paulo: Empório do Livro, 2009. p. 34-35.

> Observe: formig**a** – formig**as**
> pedaç**o** – pedaç**os**
> liç**ão** – liç**ões**
> Quando o substantivo representa apenas um elemento, fica no **singular**.
> Quando o substantivo representa vários elementos, fica no **plural**.

Atividades

1 Copie do poema os substantivos que estão no plural.

_____

2 Copie do poema os substantivos que estão no singular.

_____

3 Passe para o plural as palavras a seguir.

a) botão _____
b) leão _____
c) navio _____
d) juiz _____
e) garota _____
f) anzol _____
g) mar _____

4 Leia as palavras a seguir e reescreva-as na coluna correta da tabela.

rãs	corações	cães	limões
pães	capitães	mãos	mães
órgãos	cidadãos	caminhões	manhãs
anões	avelãs	irmãos	maçãs

ãs	ães	ãos	ões

Língua Portuguesa

NOME: _____ DATA: _____

Acento agudo e acento circunflexo

Vamos ler

Olê-olê-olá

Olê-olê-olá... Oi!

Os óculos se prendem nas orelhas.
Os olhos servem para observar.
O órgão do olfato é o nariz.
Cadê a boca para falar?

Olê-olê-olá... Oi!

<small>Olê, olê, olá. Inserido na obra *Ciranda do ABC*. Autoria: Phyllis Reily. 1ª ed. Campinas: Papirus, 2009. p. 21.</small>

> O **acento agudo** (´) indica o som aberto das vogais.
> O **acento circunflexo** (^) indica o som fechado das vogais.

Atividades

1 Volte ao poema e circule de **vermelho** as palavras com acento agudo e de **azul** as palavras com acento circunflexo.

2 Acentue as palavras corretamente.

a) cafe
b) agua
c) hipopotamo
d) helicoptero
e) tenis
f) campones
g) gemeos
h) polones
i) fregues

3 Escreva outras palavras que você conheça que tenham acento ´ ou ^.

_____

_____

4 Leve cada acento a seu nome.

ACENTO AGUDO

ACENTO CIRCUNFLEXO

Revisando o acento agudo e o acento circunflexo

Vamos ler

Um, dois, feijão com arroz
Tres, quatro, pe de pato
Cinco, seis, molho ingles
Sete, oito, cafe com biscoito
Nove, dez, lavar os pes.

Parlenda.

Atividades

1 Acentue com as palavras da parlenda, quando necessário, e copie-as a seguir.

_____

2 Sublinhe de **verde** as palavras com acento agudo e de **vermelho** as palavras com acento circunflexo.

a) francês
b) Márcia
c) gêmeos
d) sábado
e) português
f) pavão
g) educação
h) máquina
i) camelô

3 Ordene as sílabas para formar palavras com acento agudo e copie-as.

a) gi co má

b) se ro má fo

c) xí ra ca

d) péu cha

Língua Portuguesa 65

4 Ordene as sílabas para formar palavras com acento circunflexo e copie-as.

a) ni ô bus

c) si to trân

_____

_____

b) in cia fân

d) si cio lên

_____

_____

5 Complete as frases com uma das palavras do quadro.

| café | vovô | pêssego | sofá |
| Pelé | médico | tênis | chapéu |

a) Ângela fez um suco de _____.

b) José tomou _____ quente.

c) _____ foi jogador de futebol.

d) O _____ cuida dos doentes.

e) _____ dormiu no _____.

f) Rita ganhou um _____ e um _____.

6 Acentue as palavras corretamente.

a) lampada
b) bone
c) guarana
d) domino
e) jacare
f) genio
g) oculos
h) metro
i) aquario
j) voce
k) silencio
l) chines
m) passaro
n) picole
o) ciencia
p) ruido

Sons da letra G

Vamos ler

Está no mágico Gigi,
no galo e na galinha.
Está na gaivota e no gavião.
Está na geladeira e no fogão.
Na alegria, na graça e na gozação.
Adivinhe quem sou?

Adivinha.

> A letra **g** pode ter sons diferentes. Quando ela aparece antes das vogais **a, o, u**, o som é de /gue/; antes das vogais **e, i**, o som é de /je/.

Atividades

1 Copie da adivinha palavras que apresentam a letra **g**.

_____

2 Complete as palavras com *ga, ge, gi, go* ou *gu*.

a) fi____   c) ____ta   e) ____ma

b) má____co   d) ____to   f) ____ladeira

> Repare a seguir que a letra **g** seguida da vogal **u** também tem o som de /gue/.

3 Separe as sílabas das palavras com **gue** e **gui** a seguir.
 a) foguete _____
 b) guincho _____
 c) guilhotina _____
 d) formigueiro _____
 e) caranguejo _____
 f) Guilherme _____

4 Forme frases com o nome das figuras a seguir.

 a)

 b)

 c)

 d)

NOME: _____ DATA: _____

Palavras com R inicial

Vamos ler

O regador

– Rega, rega, regador,
vem regar o meu canteiro.

Rega esta rosa primeiro:
Está vermelha de calor.

Não é bom ser regador
Cheio de água o dia inteiro?

Rega, mas rega ligeiro,
Sem esquecer uma flor...

Regador fica parado.

– Está em greve esse danado?

Sua dona vai olhar
Bem disposta a conversar
E seu salário aumentar.

Mas não tem culpa o coitado:
Como pode trabalhar
Regador que está furado?

Teresa Noronha. Remar, rimar.
2. ed. São Paulo: Scipione, 2012. p. 24-25.

A letra **r** no início das palavras tem sempre um som forte.

Língua Portuguesa

Atividades

1 Sublinhe no poema as palavras que começam com a letra **r** e copie-as a seguir.

_____

2 Responda às questões a seguir.

a) De qual objeto fala o poema?

_____

b) O que ele regará?

_____

c) O que ele precisa regar primeiro?

_____

d) Por que o regador não pode trabalhar?

_____

3 Complete as palavras com *ra*, *re*, *ri*, *ro* ou *ru*.

a) ____da   d) ____queza   g) ____gido

b) ____médio   e) ____leta   h) ____a

c) ____to   f) ____gador   i) ____o

4 Escreva o nome das figuras a seguir.

a) _____ b) _____ c) _____

- Com que letra as palavras acima iniciam? Responda oralmente.

Palavras com R entre vogais e RR

Vamos ler

Hoje é domingo
Pede cachimbo
O cachimbo é de barro
Bate no jarro
O jarro é de ouro
Bate no touro
O touro é valente
Bate na gente
A gente é fraco
Cai no buraco
O buraco é fundo
Acabou-se o mundo.

Parlenda.

O **r** sozinho, entre vogais, tem sempre um som fraco.
Para que o **r** entre vogais mantenha o som forte, ele precisa ser dobrado, assim: **rr**.
Lembre-se de que não começamos palavras com **rr**, pois eles estão sempre entre as vogais.

Atividades

1 Volte à parlenda e circule de **vermelho** as palavras com **r** entre vogais e de **azul** as palavras com **rr**.

Língua Portuguesa

2) Copie as palavras na coluna correta de acordo com o som da letra **r**.

carro   terra   jacaré   pirata
barata   touro   garoto   jarro
buraco   cachorro   gorro   barro

r (som fraco)	rr (som forte)

3) Separe as sílabas das palavras a seguir.

a) garrafa _____
b) burro _____
c) borracha _____
d) terreno _____
e) ferro _____
f) barriga _____

4) Dobre o r e forme outras palavras. Veja o exemplo.

carinho – *carrinho*

a) muro _____
b) caro _____
c) careta _____
d) coro _____
e) moro _____

Língua Portuguesa

Substantivos nos graus diminutivo e aumentativo

Vamos ler

Inho – Não!
Andrezinho tem três anos
E já se acha bem grandão:
É por isso que não gosta
De diminutivo, e então
Não suporta que lhe digam
"Dê a mãozinha" – (em vez de mão).
Ou que mandem: "A boquinha
Abre e come, coração!".
"Inho", "inha", "ito", "ita",
São para ele humilhação,
O diminutivo o irrita:
O Andrezim prefere um "ão"!
Chama "gala" a galinha,
Não aceita correção;
"Escrivana", a escrivaninha,
E o vizinho é "vizão";
Chama "coza" a cozinha,
O toucinho é "toução",
É "campana" a campainha –
E ele próprio é o "Dezão"...

Tatiana Belinky. *Um caldeirão de poemas.*
São Paulo: Companhia das Letrinhas, 2003. p. 16.

O grau do substantivo indica a variação de tamanho do ser.
O grau aumentativo indica um aumento de tamanho, e o **grau diminutivo** indica uma diminuição de tamanho.

Língua Portuguesa

Atividades

1 Com lápis **laranja**, circule no poema todas as palavras terminadas em **inho** ou **inha**. Depois, copie a seguir somente as que estão no diminutivo.

_____

2 Com lápis **verde**, circule no poema todas as palavras terminadas em **ão**. Depois, copie a seguir apenas as que estão no aumentativo.

_____

3 Leia as palavras a seguir e copie-as na coluna correta da tabela. Veja os exemplos.

~~carro~~   chave   peixe   chapéu
~~chapelão~~   foguinho   carneirinho   bocarra
~~bonezinho~~   casinha   narigão   elefantão
cabecinha   chinelão   bolinho
pato   casarão   selo

Diminutivo	Normal	Aumentativo
bonezinho	carro	chapelão

4 Escreva uma frase que contenha um substantivo no grau aumentativo.

_____
_____

Língua Portuguesa

NOME: _____ DATA: _____

Palavras com BR, CR, DR, FR, GR, PR, TR e VR

Vamos ler

A cobra Adelina
e o lagarto Etelvino
se encontraram na esquina.
Boa coisa não pode ser.
Esses dois são venenosos,
e, se pegam uma prosa,
sobre o primeiro que passa
lançam pedras, desacatos,
falam cobras e lagartos.

Wania Amarante. *Cobras e lagartos*.
São Paulo: FTD, 2011. p. 25.

Atividades

1 Circule no poema as palavras com **br**, **cr**, **dr**, **fr**, **gr**, **pr**, **tr** e **vr**.

2 Forme palavras com as sílabas a seguir.

bru	me	fra	cri	de	tra	go	pra	vo
ve	tri	pre	vro	xa	co	cra	li	bra

a) _____ f) _____
b) _____ g) _____
c) _____ h) _____
d) _____ i) _____
e) _____ j) _____

Língua Portuguesa

3 Observe as imagens e complete o diagrama de palavras.

4 Complete as famílias silábicas.

bra				bru
	cre		cro	
	fre			fru
pra				pru
		tri	tro	

Língua Portuguesa

NOME: _____ **DATA:** _____

Palavras com BL, CL, FL, GL, PL e TL

Vamos ler

Quem cochicha
O rabo espicha
Come pão
Com lagartixa
Quem escuta
O rabo encurta
Quem reclama
O rabo inflama
Come pão
Com taturana.

Parlenda.

Atividades

1 Sublinhe na parlenda as palavras com **bl**, **cl**, **fl**, **gl**, **pl** e **tl** e escreva-as a seguir.

_____

2 Escreva outras palavras com os encontros consonantais indicados.

a) **bl**   b) **fl**   c) **pl**

_____

Língua Portuguesa

3 Escreva o nome das figuras a seguir.

a) _____ c) _____ e) _____

b) _____ d) _____ f) _____

4 Leia as palavras e coloque a letra *l* para formar novas palavras. Veja o exemplo.

cara – *clara*

a) paca _____
b) fama _____
c) fecha _____
d) cama _____
e) for _____

5 Escolha duas palavras do quadro e forme uma frase interrogativa com cada uma.

| planeta | Gláucio | floresta |
| atleta | biblioteca | Cleusa |

a) _____
_____

b) _____
_____

NOME: _____ DATA: _____

Adjetivos

Vamos ler

A vitória-régia

Contam que, certa vez, uma **linda** índia, **apaixonada**, quis transformar-se em estrela. Na esperança de ver seu sonho realizado, a **linda** jovem lançou-se às águas **misteriosas** do rio, desaparecendo em seguida.

Iaci, a lua, que presenciou tudo, num instante de reflexão, apiedou-se dela por ser tão **linda** e **encantadora**. Deu-lhe como prêmio a imortalização aqui na Terra. Por não ser possível levá-la para o reino **astral**, transformou-a em vitória-régia (estrela das águas), doou-lhe um **adorável** perfume e espalmou-lhe as folhas para melhor refletir sua luz nas noites de lua **cheia**.

Regina Coeli Vieira Machado. *Lendas indígenas*. Pesquisa Escolar *On-line*. Fundação Joaquim Nabuco, Recife. Disponível em: <http://basilio.fundaj.gov.br/pesquisaescolar/index.php?option=com_content&view=article&id=308&Itemid=191>. Acesso em: dez. 2014.

> As palavras destacadas no texto são **adjetivos**. Os adjetivos dão características ao substantivo.

Atividades

1 Marque as respostas corretas de acordo com a lenda acima.

a) índia
- ☐ corajosa
- ☐ linda
- ☐ contente

b) águas
- ☐ calmas
- ☐ misteriosas
- ☐ poluídas

c) perfume
- ☐ fedido
- ☐ gostoso
- ☐ adorável

2 Escreva uma característica para cada substantivo a seguir.

a) carro _____

b) comida _____

c) noite _____

d) mesa _____

e) homem _____

f) sol _____

g) livro _____

h) criança _____

i) tapete _____

j) vestido _____

3 Circule a alternativa correta e copie a frase formada.

a) A casa de Marina é simples e bonito   bonita .

_____

b) Hoje o céu está estrelada   estrelado .

_____

c) O vestido que usei no baile de formatura é curto   curta .

_____

d) Os cachorros que Mateus cria são mansos   mansas .

_____

4 Escreva alguns adjetivos que caracterizam você.

_____

_____

_____

NOME: _____ DATA: _____

Palavras com AN, EN, IN, ON e UN

Vamos ler

Conheça história que deu origem ao filme "Peter Pan"

Às vezes, a gente, depois de ler um livro, vê um filme que conta a mesma história e o acha incompleto.

Isso acontece porque o livro é grande e não dá para filmar tudo. Ou porque o livro pode ter coisas difíceis de filmar ou desenhar, mas que a gente consegue imaginar quando lê.

Por isso, apesar de eu já ter assistido a "Peter Pan", foi uma surpresa ler o livro que inspirou o desenho da Disney. A história do menino que não queria crescer foi inventada por um senhor chamado J. M. Barrie para distrair cinco meninos, todos irmãos. [...]

No livro, as aventuras são bem mais horripilantes do que no desenho: os meninos têm de lutar de verdade, quase morrem.

Os piratas do Capitão Gancho são muito mais terríveis, e a Sininho é malvada e ciumenta.

Tudo isso só faz aumentar a vontade de devorar o livro até o final. E pode ficar tranquilo: ele é feliz como o que você conhece.

Conheça história que deu origem ao filme "Peter Pan". Disponível em: <www1.folha.uol.com.br/folhinha/2013/05/1284208-conheca-historia-que-deu-origem-ao-filme-peter-pan.shtml>. FolhaPress.

Atividades

1 Circule na reportagem as palavras com **an**, **en**, **in**, **on** e **un** e copie-as a seguir.

_____

_____

_____

2 Complete as palavras com *an*, *en*, *in*, *on* ou *un* e copie-as.

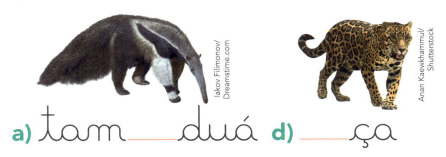

a) tam___duá   d) ___ça   g) m___do

_____   _____   _____

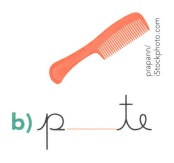

b) p___te   e) t___ta   h) ___velope

_____   _____   _____

c) mor___go   f) c___to   i) s___ga

_____   _____   _____

3 Complete as frases com uma das palavras do quadro.

ponte – inseto – angu – canjica

a) Fui picada por um _____.

b) A _____ está fechada hoje.

c) Odete fez _____ e _____.

NOME: _____ DATA: _____

Palavras com P e B

Vamos cantar

Pombinha, quando tu fores

Pombinha, quando tu fores
Me escreve pelo caminho
Se não achares papel
Nas asas de um passarinho

Da boca faz um tinteiro
Da língua, pena dourada
Dos dentes, letra miúda
Dos olhos, carta fechada

A pombinha voou, voou, voou
Ela foi-se embora e me deixou.

Cantiga.

Atividades

1 Circule na cantiga as palavras com **p** e **b** e escreva-as a seguir.

_____

_____

2 Separe as sílabas das palavras da atividade anterior.

_____

_____

3 Que letra vem antes de **p** e **b** nas palavras que você circulou na cantiga?

_____

Língua Portuguesa

4 Troque a letra **b** por **p** para formar novas palavras e escreva-as.

banda – panda

a) bicada _____
b) bote _____
c) bancada _____
d) bule _____
e) bata _____
f) bar _____

5 Organize as palavras a seguir na coluna correta da tabela.

balão abacate sopa bumbo
pêssego papagaio lâmpada abelha

Palavras com a letra B	Palavras com a letra P

6 Complete as palavras com *b* ou *p*.

a) ___oi
b) ta___ete
c) ___atata
d) ___iano
e) sa___onete
f) ___andeira
g) ca___ide
h) ___anana
i) ___ião
j) tuli___a

Língua Portuguesa

NOME: _____ DATA: _____

M antes de P e B

Vamos ler

Medo de quê?
[...]
Também fujo do escuro
Corro longe se a **sombra**
vem chegando devagar...
Outra coisa que me assusta
É aquela agulha **comprida**
Que meu sangue vem tirar.

Valéria Belém. *História da história e outras poesias*. São Paulo: Companhia Editora Nacional, 2005. p. 13.

> Usamos a letra **m** antes de **p** e **b**.
> Antes de qualquer outra consoante usamos a letra **n**.

Atividades

1 Complete as palavras com m ou n.

a) pla___ta

b) la___pião

c) ca___tor

d) ta___pa

e) e___pada

f) le___brar

g) ma___ga

h) ta___ga

i) vara___da

j) bo___bom

Língua Portuguesa 85

2 Escreva o nome das figuras a seguir.

a) _____ c) _____ e) _____

b) _____ d) _____ f) _____

3 Leia as palavras dos quadros e utilize-as para completar as frases.

| uma – empada – um – panela |

a) Na lanchonete comi _____ pastel e uma _____.

| bambu – não – tempo – samba |

b) Joana _____ foi ao _____ com Maria Fernanda.

| bombom – a – Bento – planta |

c) O _____ é para a namorada de _____.

Língua Portuguesa

Palavras com AL, EL, IL, OL e UL

Vamos ler

Receita para um café da manhã saudável
- 1 fatia de pão de fôrma integral com queijo branco
- 2 biscoitos água e sal
- 1 copo de suco de laranja natural
- 1 pote de iogurte com cereal e mel

Atividades

1 Circule na receita as palavras com **al**, **el**, **il**, **ol** e **ul** e escreva-as a seguir.

_____

_____

2 Leia e complete as palavras com al, el, il, ol ou ul.

a) infant___
b) pap___
c) p___ga
d) s___dado
e) girass___
f) fun___
g) t___co
h) far___
i) jorn___
j) m___ta
k) az___
l) pinc___
m) f___me
n) b___de
o) an___

3 Separe as sílabas das palavras a seguir, conte-as e escreva o número no quadro ao lado delas.

a) avental _____

b) futebol _____

c) anzol _____

d) alfinete _____

e) Elza _____

f) palma _____

g) pernil _____

h) caracol _____

i) pulseira _____

4 Reescreva as frases dando nome às imagens.

a) Olga não encontra o 🧵 de linha.

_____

b) O 🐙 é um animal aquático.

_____

c) Joel pendurou a 👖 molhada no 🪡.

_____

d) Fiz salada de 🥬 para o almoço.

_____

88 Língua Portuguesa

Travessão e dois-pontos

Vamos ler

Logo de manhã, Marcelo começou a falar sua nova língua:
– Mamãe, quer me passar o mexedor?
– Mexedor? Que é isso?
– Mexedorzinho, de mexer café.
– Ah...colherinha, você quer dizer.

Ruth Rocha. *Marcelo, marmelo, martelo e outras histórias.* 2. ed. São Paulo: Salamandra, 1999. p. 14.

> Os **dois-pontos** (:) são usados para anunciar a fala de personagens em um texto escrito, indicar a enumeração de elementos, entre outras funções.
> O **travessão** (–) é usado para indicar o momento da fala de personagens em um texto escrito, destacar uma expressão em uma frase, entre outras funções.

Atividades

1 Copie do texto uma frase que anuncia a fala de algum personagem.

_____

_____

2 Copie do texto uma frase que indica o momento da fala de algum personagem.

_____

_____

3 Circule os sinais de pontuação do texto conforme a legenda a seguir.

– Oi Nicolau, como vai?
– Como sempre, Téo, olhando o mundo.
E lá vinha Teobaldo com a mesma conversa:
– Mas só olhando? Que é isso, Nicolau, você precisa *fazer*! Faça um curso, faça uma casa nova, faça uma viagem! Parado assim você não evolui.

Ivanir Calado. *Nicolau e sua casca*. 7. ed. Rio de Janeiro: Ediouro, 2003. p. 4.

4 Leia cada frase a seguir e ligue-a ao sinal de pontuação a que se refere.

a) Anuncio a fala de um personagem.

b) Indico uma pequena pausa no texto.

c) Sou usado ao final de uma frase afirmativa ou negativa.

d) Sou usado para indicar o momento da fala de um personagem.

e) Indico uma pergunta.

f) Indico espanto, ordem, alegria etc.

.

!

?

,

:

–

5 Crie uma pequena conversa entre dois personagens e escreva-a no caderno. Não se esqueça de usar os sinais de pontuação adequados.

Língua Portuguesa

NOME: _____ DATA: _____

Sinônimo e antônimo

Vamos ler

O relógio

Passa, tempo, tic-tac
Tic-tac, passa, hora
Chega logo, tic-tac
Tic-tac, e vai-te embora
Passa, tempo
Bem depressa
Não atrasa
Não demora
Que já estou
Muito cansado
Já perdi
Toda a alegria
De fazer
Meu tic-tac
Dia e noite
Noite e dia
Tic-tac
Tic-tac
Tic-tac...

O relógio, de Vinicius de Moraes. In: *Antologia poética*. São Paulo: Cia. das Letras, Editora Schwarcz Ltda., 1992. p. 11.

> **Sinônimos** são palavras que têm significado parecido. Veja: feliz – contente; longe – distante; delicioso – saboroso.
> **Antônimos** são palavras que têm significado contrário, opostos. Veja: alto – baixo; quente – frio; claro – escuro.

Língua Portuguesa

Atividades

1 Coloque **S** para sinônimos e **A** para antônimos.

a) ☐ magro e gordo   e) ☐ alegre e feliz

b) ☐ garoto e menino   f) ☐ claro e escuro

c) ☐ rápido e ligeiro   g) ☐ ganhar e perder

d) ☐ amor e ódio   h) ☐ pulou e saltou

2 Escreva um sinônimo para cada palavra a seguir.

a) belo _____

b) educado _____

c) perfumada _____

d) desaparecer _____

e) encontrar _____

f) ver _____

3 Reescreva as frases substituindo as palavras destacadas por antônimos.

a) Meu carro está **limpo**.

_____

b) **Abro** a porta do carro para as moças.

_____

c) A vaca lá do sítio tem **muito** leite.

_____

d) Esta noite o céu está **escuro**.

_____

e) Dona Julieta gosta de tomar café **forte**.

_____

Língua Portuguesa

Revisando sinônimo e antônimo

Vamos ler

Santa Clara clareou
São Domingo iluminou
Vai chuva, vem sol
Vai chuva, vem sol.

Parlenda.

Atividades

1 Circule os sinônimos que aparecem na parlenda.

2 Escreva o antônimo das palavras.

a) rico _____
b) duro _____
c) cheio _____
d) quente _____
e) comprido _____
f) pequeno _____
g) grosso _____
h) subir _____

3 Circule o sinônimo correto em cada frase.

a) Feliz é o mesmo que contente/triste.
b) Longe é o mesmo que rápido/distante.
c) Inteligente é o mesmo que sabido/lento.
d) Fino é o mesmo que liso/estreito.
e) Alegria é o mesmo que felicidade/angústia.

Língua Portuguesa

4 Observe a palavra destacada em cada frase e encontre no quadro um sinônimo para ela. Depois, utilize-o para completar a frase.

> agitada – carinhosa – divertida

a) Minha avó é muito **amorosa**.

Ela é muito _____.

> nervoso – sabido – calmo

b) O bebê é **tranquilo**.

Ele é _____.

> devagar – ligeiro – grande

c) O trânsito está muito **lento**.

Ele está _____.

5 Marque um **X** nas opções em que o antônimo está correto.

a) ☐ alto – baixo

b) ☐ corajoso – valente

c) ☐ curto – comprido

d) ☐ bom – ruim

e) ☐ bravo – zangado

Palavras com F e V

Vamos cantar

Na Bahia tem

Na Bahia tem, tem, tem, tem
Na Bahia tem, ô baiana, coco de vintém

Na Bahia tem, vou mandar buscar
Lampião de vidro, ô baiana, ferro de engomar

Na Bahia tem, vou mandar buscar
Máquina de costura, ô baiana, fole de assoprar.

Cantiga.

Atividades

1 Copie da cantiga as palavras com **f** e **v**.
_____

2 Troque a letra **v** por **f** e forme novas palavras. Veja o exemplo.

 vaca – faca

a) voto _____
b) vale _____
c) vila _____
d) varinha _____
e) veio _____

Língua Portuguesa

3 Forme palavras com **F** ou **V** usando as sílabas do quadro a seguir.

| VE | CA | FI | VO | VI | FA | DA | NO | VA | LA | GO | FO | VÓ |

_____

_____

_____

4 Escreva o nome das imagens a seguir.

a) _____   c) _____   e) _____

b) _____   d) _____   f) _____

5 Complete o quadro com as informações pedidas.

	Animal	Alimento	Objeto	Pessoa
F				
V				

Palavras com D e T

Vamos ler

O rato do campo e o rato da cidade

Era uma vez dois ratos, um marrom e outro cinza. O rato cinza vivia na cidade, na casa de uma família rica. E o rato marrom vivia no interior, junto com os pobres fazendeiros.

Certa vez, o rato da cidade foi visitar o rato do campo, que lhe ofereceu uma humilde refeição de nozes. [...]

Então, antes mesmo de terminar a refeição, ele fez um convite ao rato do campo. Pediu-lhe que voltasse para a cidade com ele – para experimentar a refinada comida que ele estava acostumado a comer na casa da família rica. [...]

[...] O rato do campo não podia esperar! Ele subiu por uma perna da mesa e saiu correndo, de um petisco a outro. [...] De repente, o mordomo da família entrou na sala. O rato da cidade o viu e, rápido como um rato, desceu correndo da mesa e entrou no buraco mais próximo. Mas, o rato do campo foi pego de surpresa. [...]

Moral da história: É melhor ser pobre e satisfeito do que ser rico e preocupado.

Bob Hartman. *Fábulas de Esopo*. São Paulo: Ciranda Cultural, 2011. p. 21-23.

Atividades

1 Volte à fábula e circule de **vermelho** as palavras com a letra **d** e de **azul** as palavras com a letra **t**. Depois, escreva-as a seguir.

D: _____

_____

T: _____

_____

2 Complete o nome das figuras com d ou t e escreva-as.

a) car___eira   d) ___a___o   g) pa___a

b) ___a___u   e) ___elefone   h) ca___eira

c) bo___ão   f) fa___a   i) toma___e

Sons da letra X

Vamos ler

Chá milagroso

Dona Uxa, meio bruxa,
ouviu o seu Chico se queixar
de dor no bucho.
E foi pro seu chalé
e preparou um chá
pro seu Chico. [...]

Elias José. *Lua no brejo com novas trovas*.
3. ed. Porto Alegre: Projeto, 2010. p. 20.

A letra **x** representa diferentes sons. Veja alguns exemplos:
- Som de **ch** ⟶ xadrez, caixa
- Som de **cs** ⟶ reflexo, saxofone
- Som de **s** ⟶ texto, excelente
- Som de **ss** ⟶ máximo, próximo
- Som de **z** ⟶ exame, exemplo

Atividades

1 Leia as palavras e escreva o som que a letra **x** representa em cada uma.

a) boxe _____

b) exposição _____

c) exagero _____

d) xampu _____

e) próximo _____

f) maxilar _____

g) exercício _____

h) lixo _____

i) auxílio _____

j) explodir _____

Língua Portuguesa

2 Escreva o nome das figuras a seguir.

a) _____

d) _____

g) _____

b) _____

e) _____

h) _____

c) _____

f) _____

i) _____

3 Complete as palavras com x e escreva-as.

a) fi__o

_____

b) e__ecutar

_____

c) __arope

_____

d) te__to

_____

e) a__ila

_____

f) e__emplo

_____

4 Escreva palavras com **x** representando som de:

a) ch _____ _____

b) cs _____ _____

c) s _____ _____

d) ss _____ _____

e) z _____ _____

100 **Língua Portuguesa**

NOME: _____ DATA: _____

Cedilha

Vamos ler

Alergia, alegria

São palavras parecidas
com sentido diferente:
uma coça e faz ferida,
a outra deixa contente.

A primeira só perturba,
dela a gente quer fugir.
A segunda é o contrário,
todo mundo quer sentir.

A primeira não tem jeito,
não deixa ninguém em paz.
A segunda é uma festança,
que bem que a segunda faz!

Entre as duas, fique atento,
a diferença é total:
uma é doce sentimento,
outra só quer fazer mal.

A primeira é uma doença,
como custa pra sarar!
A segunda é uma delícia,
dá vontade de cantar!

José Paulo Paes et al. *Um poema puxa o outro*. São Paulo: Companhia das Letrinhas, 2002. p. 31.

Usamos o sinal **cedilha** (¸) embaixo da letra **c** antes das vogais **a, o** e **u** para que ela fique com o som de **s**.
Nunca usamos cedilha antes de **e** e **i**.
Nunca usamos cedilha no início de palavras.

Língua Portuguesa 101

Atividades

1 Circule no poema as palavras com **ç**.

2 Leia as palavras a seguir e organize-as na tabela.

almoço	laço	açúcar	cebola
cinema	cedo	acerola	fumaça
onça	palhaço	cidade	vacina

ce, ci	ça, ço, çu

3 Escolha uma das palavras e escreva uma frase com ela.

a) circo – lenço

_____

b) cebola – berço

_____

4 Complete as palavras a seguir com c, ç, s ou ss.

a) la___o **d)** a___úcar **g)** po___o

b) o___o **e)** ma___a **h)** ma___ã

c) va___o **f)** ___éu **i)** ta___a

102 Língua Portuguesa

Revisando a cedilha

Atividades

1 Observe as imagens e complete o diagrama de palavras.

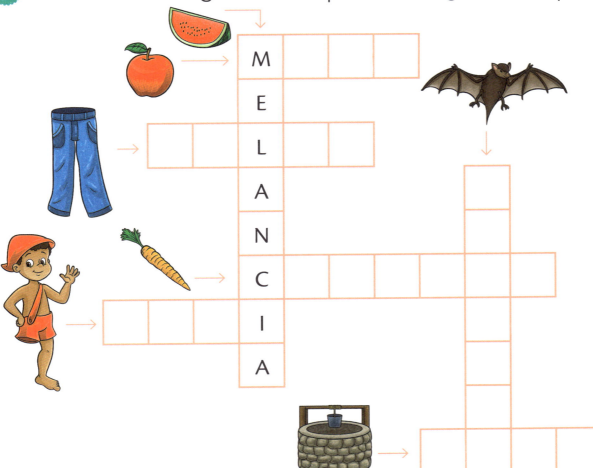

2 Ordene as sílabas e escreva as palavras formadas.

a) pa   ço   lha

_____

b) gue   çou   a

_____

c) ça   fu   ma

_____

d) pa   ca   ço

_____

e) ço   bra

_____

f) ça   ca

_____

Língua Portuguesa

3 Complete as palavras com ça, ce, ci, ço ou çu e escreva-as.

a) len____ _____
b) ____do _____
c) on____ _____
d) ço____ _____
e) a____car _____
f) ca____la _____
g) ____nema _____
h) a____ugue _____
i) dan____ _____
j) ____garra _____

4 Separe as sílabas das palavras a seguir.

a) almoço _____
b) recibo _____
c) cegonha _____
d) vacina _____
e) trança _____

f) capacete _____
g) você _____
h) França _____
i) açúcar _____
j) cipó _____

5 Coloque cedilha nas palavras a seguir quando necessário.

a) bico
b) coracão
c) cadarco

d) alface
e) laco
f) canudo

g) cabecudo
h) circo
i) abraco

Língua Portuguesa

NOME: _____ DATA: _____

Palavras com AR, ER, IR, OR e UR

Vamos ler

Pardal

Acorda com o sol,
Dorme com a lua.
Lá vai o pardal,
Um moleque de rua.

Casado
Com a pardaloca,
Em qualquer telhado
Ele constrói
Sua maloca.

Lalau e Laurabeatriz. *Zum-zum-zum e outras poesias.*
São Paulo: Companhia das Letrinhas, 2007. p. 42.

Atividades

1 Circule no poema as palavras com **ar**, **er**, **ir**, **or** e **ur** e escreva-as.

_____

2 Complete as palavras com *ar*, *er*, *ir*, *or* ou *ur*.

a) ___mário

b) ___vilha

c) ___gola

d) ter___

e) ___so

f) ___mão

g) ___valho

h) com___

Língua Portuguesa 105

3 Escreva o nome das figuras a seguir.

a) _____ d) _____ g) _____

b) _____ e) _____ h) _____

c) _____ f) _____ i) _____

4 Coloque a letra *r* nas palavras a seguir e forme novas palavras. Veja os exemplos.

copo – *corpo*

a) fada _____
b) pena _____
c) baba _____
d) pato _____

cola – *colar*

e) ato _____
f) amo _____
g) calo _____

106 Língua Portuguesa

NOME: _____ DATA: _____

Verbo

Vamos ler

O dia

Ao **amanhecer**
O galo **canta**.
O Sol **aparece**
E a noite **vai** embora.

Ao **entardecer**
O pássaro **canta**.
O dia **vai** embora
E a noite **encanta**.

Ao **anoitecer**
A Lua **aparece**.
As estrelas **brilham**
A coruja **canta**.
E o dia novamente **acontece**.

Eliana Almeida.

Os **verbos** são palavras que podem indicar uma ação (andar, comer), um estado (ser, estar, ficar), um fenômeno da natureza (chover, ventar), uma vontade, desejo ou sentimento (sentir, querer, desejar) etc.

Atividades

1 Copie as palavras destacadas no poema. Elas são **verbos**!

_____

_____

Língua Portuguesa

2 Complete o quadro de acordo com o poema. Veja o exemplo.

Quem?	O que faz?
O galo	canta.
O Sol	
O pássaro	
O dia	
A Lua	

3 Complete as frases de acordo com o verbo. Veja o exemplo.

a) João __nada__ na piscina. (nadar)

b) O pedreiro _____ o bloco. (colocar)

c) O nenê _____ o leite. (beber)

d) O professor _____ na lousa. (escrever)

e) Dona Alice _____ sua família. (amar)

f) Meu cãozinho _____ ração. (comer)

g) Ela _____ para mim. (sorrir)

4 Observe a imagem e escreva uma frase sobre ela. Não se esqueça de usar um verbo.

108 Língua Portuguesa

NOME: _____ DATA: _____

Revisando verbos

Vamos ler

Cheiro molhado mato a dentro,
pé ante pé na trilha de terra,
meninos **colhem** marmelos graúdos,
meninas **pintam** de amoras as saias.

Bem-te-vi **avisa** que **viu**,
Sanhaço **sai** de mansinho,
Saíra **vem espiar**.

Aqui o tempo **passa** tão lento,
Que para tudo **dá** tempo.

Pescar manjuba no riacho,
Assustar inambu,
Correr do redemoinho.
Achar toca de tatu.
[...]

Regina Rennó. *Cheiro de mato.*
São Paulo: Editora do Brasil, 2010. p. 8-11.

> Os verbos também indicam a pessoa que pratica a ação e o momento em que ela ocorreu.

Atividades

1 Copie todas as palavras destacadas no poema. Elas são **verbos**!

_____

_____

Língua Portuguesa 109

2 Observe a imagem e escreva a ação. Veja o modelo.

O pintor pinta.

3 Circule os verbos nas frases a seguir.

a) Os turistas sorriem para o fotógrafo.
b) As crianças brincam de pega-pega no pátio da escola.
c) A borboleta voa pelas flores do jardim.
d) Mateus acorda cedo todos os dias.
e) Hoje chove sem parar.

NOME: _____ DATA: _____

Verbos no infinitivo

Vamos ler

Medicina natural

Pra ficar calminho eu tomo
Suco de maracujá
Pra curar minha garganta
Casca de romã no chá
Mas pra ter corpo disposto
E alegria no meu rosto
Não esqueço o guaraná.

Se você está cansado
E perdendo a alegria
Pode ser falta de ferro
E começo de anemia
Pra sair desse apuro
Coma muito verde-escuro
Mas que seja todo dia.

César Obeid. *Rimas saborosas*.
São Paulo: Moderna, 2009. p. 37.

> Quando o **verbo** termina em **r**, dizemos que está no **infinitivo**, ou seja, não está conjugado e, por isso, indica apenas a ação.

Atividades

1 Circule no poema os verbos terminados em **r** e escreva-os.

_____

_____

Língua Portuguesa 111

2 Escreva os verbos que representam as ações a seguir. Veja o exemplo.

a) Dar um pulo é pular.

b) Dar um giro é _____.

c) Fazer um rabisco é _____.

d) Dar um assobio é _____.

e) Fazer uma pintura é _____.

3 Complete cada frase com o verbo adequado.

dorme – dormimos – dormir

a) Júlia _____ cedo todos os dias.

rego – regamos – regar

b) Nós _____ as plantas da horta.

4 Escolha três verbos do quadro e forme uma frase com cada um deles.

dormir – varrer – correr – pular – brincar – jogar

a) _____

b) _____

c) _____

Tempos verbais
Vamos ler

Hoje eu escrevo.
Ontem eu escrevi.
Amanhã eu escreverei.

Observe que, nos verbos destacados, o final mudou para indicar o momento em que a ação ocorreu.
No tempo **presente** a ação está acontecendo ou acontece sempre.
No tempo **pretérito (passado)** a ação já ocorreu.
No tempo **futuro** a ação ainda acontecerá.

Atividades

1) Leia os tempos indicados nos quadros e ligue-os aos verbos correspondentes a eles. Veja o exemplo.

HOJE

ONTEM

AMANHÃ

- choverá
- comeu
- lavo
- jogarei
- estudo
- fugiu
- brinco
- trocarei
- viajei

Língua Portuguesa

2 As frases a seguir estão no passado. Reescreva-as no tempo presente.

a) O menino cantou bem na apresentação.

_____

b) Papai correu para fugir da chuva.

_____

c) A garota nadou na piscina do clube.

_____

d) O artista pintou um belo quadro.

_____

3 Os verbos a seguir estão no presente. Reescreva-os no futuro.

a) como _____

b) falo _____

c) abro _____

d) olho _____

e) bebo _____

f) estudo _____

g) saio _____

h) acordo _____

4 Observe a imagem e escreva uma frase sobre ela usando o tempo passado.

_____

_____

_____

NOME: _____ DATA: _____

Revisando tempos verbais

Vamos cantar

Para não ser triste

Quero ver
você não chorar
não olhar pra trás
nem se arrepender do que faz...

Quero ver
o amor vencer
mas se a dor nascer
você resistir e sorrir...

Se você
pode ser assim
tão enorme assim
eu vou crer...

Que o Natal existe
que ninguém é triste
e no mundo há sempre amor...

Bom Natal, um feliz Natal
muito amor e paz pra você...

Pra você.

Edson Borges. © By Universal Mus Pub MGB Brasil Ltda.

Atividades

1 Copie da letra de música os verbos no infinitivo.

_____

Língua Portuguesa 115

2 Complete a tabela com os verbos no tempo indicado. Veja o exemplo.

	Ontem eu	Hoje eu	Amanhã eu
a)	cantei	canto	cantarei
b)	_____	vendo	_____
c)	parti	_____	_____
d)	_____	nado	_____
e)	_____	estudo	_____
f)	brinquei	_____	brincarei

3 Escreva em que tempo verbal estão os verbos das frases a seguir.

a) Pedro e Clara estudarão na mesma escola. _____
b) O coral cantou uma bela música de Natal. _____
c) Os gatos bebem o leite da tigela. _____
d) Amanhã viajaremos ao litoral da Bahia. _____

4 Leia as frases e complete a tabela de acordo com o exemplo.

a) O motorista dirige na estrada.
b) A bailarina dança no palco.
c) O pescador pesca no rio.
d) O pássaro canta na árvore.

	Quem?	O que faz?	Onde?
a)	O motorista	dirige	na estrada.
b)			
c)			
d)			

NOME: _____ DATA: _____

Algarismos

Em Matemática temos dez **algarismos**.
São os símbolos 0, 1, 2, 3, 4, 5, 6, 7, 8, 9.
Com esses algarismos podemos escrever qualquer número.

Atividades

1 Conte a quantidade de pontos que aparece nos dominós, cubra os tracejados e continue escrevendo os números.

0 0 _____

1 1 _____

2 2 _____

3 3 _____

4 4 _____

5 5 _____

6 6 _____

7 7 _____

8 8 _____

9 9 _____

Matemática 117

2 Pinte a quantidade de elementos que o número representa.

a) 5 →

b) 3 →

c) 7 →

d) 0 →

e) 9 →

3 Observe no quadro os números escritos por extenso e copie-os abaixo dos algarismos que correspondem a eles.

| oito | três | sete | um | quatro |
| zero | nove | cinco | dois | seis |

3   0   9   6   1

a) _____ c) _____ e) _____ g) _____ i) _____

5   2   7   4   8

b) _____ d) _____ f) _____ h) _____ j) _____

4 Desenhe sobre o bolo a quantidade de velas que representa sua idade e escreva o algarismo correspondente a ela.

NOME: _____ DATA: _____

Estudando os números

Atividades

1 Observe a cena, conte e registre a quantidade encontrada.

a) [ ] ☀
b) [ ] ⭕
c) [ ] 🍿
d) [ ] ✈

e) [ ] 🎈
f) [ ] 🚶
g) [ ] 🚗
h) [ ] 🐴

i) [ ] 🟢
j) [ ] ☁

Matemática 119

Vamos cantar

Mariana

Mariana conta 1
Mariana conta 1: é 1, é 1, é Ana!
Viva a Mariana! Viva a Mariana!

Mariana conta 2
Mariana conta 2: é 1, é 2, é Ana!
Viva a Mariana! Viva a Mariana!

Cantiga.

2 Escreva o número que está entre os números indicados.

a) 2 ___ 4   c) 6 ___ 8   e) 5 ___ 7

b) 1 ___ 3   d) 7 ___ 9   f) 4 ___ 6

3 Escreva o número que vem antes dos números indicados.

a) ___ 5   c) ___ 8   e) ___ 2

b) ___ 4   d) ___ 9   f) ___ 7

4 Desenhe bolinhas de acordo com o número indicado.

| 3 | 9 |

| 5 | 6 |

NOME: _____ DATA: _____

Sinais de > (maior que), < (menor que) e = (igual)

Ao comparar números, podemos utilizar os símbolos
> (maior que),
< (menor que) e
= (igual).

5 > 2

Atividades

1 Conte a quantidade de pontos que aparece nos dados, numere-a e complete com o sinal adequado. Siga o exemplo.

4 > 2

a) _____ ___ _____

b) _____ ___ _____

c) _____ ___ _____

2 Utilizando números de 1 a 9, complete as questões de acordo com o sinal. Siga o exemplo.

a) 8 < 9

b) 2 = ____

c) 5 < ____

d) 9 = ____

e) 6 < ____

f) 3 > ____

Matemática 121

3 Utilizando os números e os sinais que você aprendeu, escreva o que é pedido em cada questão. Siga o exemplo.

Dois é menor que seis. 2 < 6

a) Quatro é maior que três. _____

b) Cinco é igual a cinco. _____

c) Nove é maior que um. _____

d) Três é menor que oito. _____

e) Seis é igual a seis. _____

f) Sete é maior que dois. _____

g) Um é menor que quatro. _____

h) Sete é maior que dois. _____

4 Escreva verdadeiro ou falso nas expressões a seguir.

a) 5 < 4 _____

b) 6 > 3 _____

c) 9 > 8 _____

d) 8 = 4 _____

e) 2 > 1 _____

f) 7 < 9 _____

NOME: _____ DATA: _____

Ordem crescente e ordem decrescente

Quando os números estão organizados do **menor** para o **maior**, chamamos de **ordem crescente**.
Quando estão organizados do **maior** para o **menor**, chamamos de **ordem decrescente**.

Atividades

1 Conte os quadrinhos e escreva o número que corresponde a eles. Depois, descubra a ordem em que foram organizados e registre-a.

a)
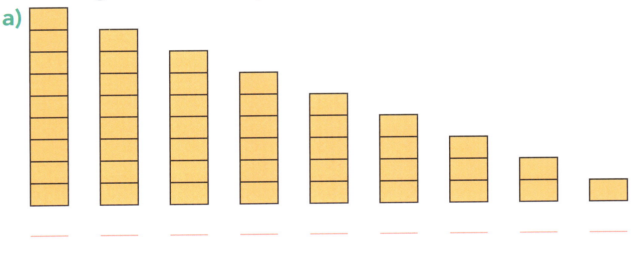

Ordem _____.

b)
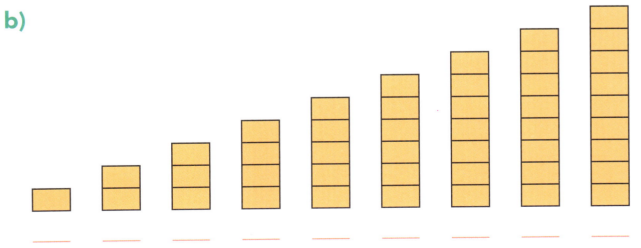

Ordem _____.

Matemática

2 Coloque os números dos quadros em ordem crescente.

a) 6 3 8 9 5 1

_____

b) 4 2 7 6 5 8

_____

3 Agora, coloque os números dos quadros em ordem decrescente.

a) 2 7 8 4 9 5

_____

b) 1 3 9 4 7 2

_____

4 Escreva se cada sequência de números está em ordem crescente ou decrescente.

a) 0 – 2 – 4 – 6 – 8 _____

b) 9 – 7 – 5 – 3 – 1 _____

c) 1 – 2 – 3 – 4 – 5 _____

d) 1 – 2 – 5 – 6 – 9 _____

e) 7 – 6 – 4 – 3 – 0 _____

f) 9 – 8 – 7 – 6 – 5 _____

g) 1 – 5 – 7 – 8 – 9 _____

h) 10 – 7 – 5 – 3 – 1 _____

Matemática

NOME: _____ DATA: _____

Adição

Adição é a operação que junta quantidades ou acrescenta uma quantidade à outra. Ela pode ser representada das seguintes maneiras:

$$2 + 4 = 6 \quad \text{ou} \quad \begin{array}{r} 2 \\ + 4 \\ \hline 6 \end{array} \begin{array}{l} \rightarrow \text{parcela} \\ \rightarrow \text{parcela} \\ \rightarrow \text{soma ou total} \end{array}$$

Atividades

1 Observe as cenas e responda às questões.

a)

- Quantas figurinhas vieram no pacote de Júlia? _____
- Quantas figurinhas vieram no pacote de Eduardo? _____
- Os dois juntos têm quantas figurinhas? _____

b)

Tenho 5 bolinhas de gude. E você?

Eu tenho 4 bolinhas de gude.

- Quantas bolinhas de gude João tem? _____
- Quantas bolinhas de gude Marta tem? _____
- Quantas bolinhas de gude os dois têm juntos? _____

Matemática

c)

- Quantos pontos há no dado de Sueli? _____
- Quantos pontos há no dado de Beto? _____
- Quantos pontos os dois têm juntos? _____

2 Resolva as operações a seguir.

a) 2 + 4 b) 0 + 3 c) 3 + 4 d) 1 + 7 e) 2 + 2

3 Encontre no diagrama os nomes dos termos da adição e, depois, complete a frase com eles.

P	A	R	C	E	L	A	S	S	C
J	G	K	O	L	V	P	N	O	F
S	D	T	I	Ç	Q	A	M	H	G
O	W	U	T	O	T	A	L	D	S
M	C	E	H	E	R	T	Y	P	K
A	B	D	R	S	Q	R	A	Z	Y

- Os termos da adição são: _____ e _____ ou _____.

126 Matemática

Sistema de numeração decimal

O sistema de numeração decimal utiliza agrupamentos de 10 para registrar quantidades.

Dezena	Unidade
1	
1	0
↓	↓
dezena	unidade

Vamos ler

Em cada mão tenho cinco dedos
Juntando as duas mãos, tenho dez.
No nosso sistema de numeração decimal.
Agrupamos de dez em dez.

Eliana Almeida e Aninha Abreu.

Atividades

1. Complete o colar de acordo com os números.

12

15

19

Matemática 127

2 Encontre no diagrama dez nomes de números.

N	A	D	E	Z	O	I	T	O	F	T	G	N	Q	T	G
H	C	I	C	P	A	Q	I	J	E	K	M	P	U	Ç	T
L	O	M	Z	L	C	A	T	O	R	Z	E	L	I	U	R
D	N	X	L	N	C	O	M	I	B	R	C	H	N	H	E
V	Z	Ã	R	D	E	Z	E	N	O	V	E	H	Z	L	Z
C	E	H	S	I	S	Ç	F	A	H	A	G	E	E	Z	E
G	N	D	E	Z	G	E	D	E	Z	E	S	S	E	T	E
H	F	W	B	C	N	I	A	A	B	J	T	Y	B	L	P
D	E	Z	E	S	S	E	I	S	K	F	D	O	Z	E	C

3 Escreva o número que vem logo depois dos números indicados.

a) 11 _____   c) 13 _____   e) 15 _____

b) 16 _____   d) 17 _____   f) 18 _____

4 Ligue os pontos em ordem crescente.

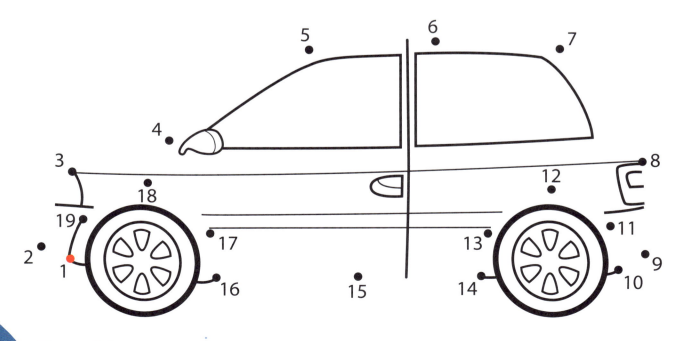

128 **Matemática**

NOME: _____ DATA: _____

Subtração

> **Subtração** é a operação que diminui, tira uma quantidade de outra quantidade. Pode ser representada de duas formas:
>
> $4 - 3 = 1$ ou $\begin{array}{r} 4 \\ -\ 3 \\ \hline 1 \end{array}$ → minuendo
> → subtraendo
> → diferença ou resto

Atividades

1 Observe as cenas e responda às questões.

a)

- Quantos cachorrinhos há na cena? _____
- Quantos cachorrinhos estão saindo da caminha? _____
- Quantos ficaram em cima da caminha? _____

b)

- Quantas frutas havia na fruteira? _____
- Quantas frutas Zeca comeu? _____
- Quantas frutas sobraram? _____

c)

- Quantas crianças há dentro da piscina? _____
- Quantas crianças saíram da piscina? _____
- Quantas crianças ficaram na piscina? _____

2 Resolva as operações a seguir.

a) 5 − 1 b) 8 − 3 c) 6 − 4 d) 9 − 6 e) 7 − 2

3 De acordo com os dados, organize as operações.
a) O minuendo é 9, o subtraendo é 4 e o resto é 5.

b) O minuendo é 7, o subtraendo é 4 e o resto é 3.

NOME: _____ DATA: _____

Dezenas exatas

Chamamos de **dezenas exatas** a forma de agrupar quantidades de 10 em 10.

Atividades

1 Complete os quadros de valor de lugar registrando a dezena exata de acordo com a indicação. Veja o exemplo.

Dezenas	Unidades
||	
2	0

Dezenas	Unidades
|||||||	
___	___

Dezenas	Unidades
|||||	
___	___

Dezenas	Unidades
||||||||	
___	___

Dezenas	Unidades
|||||||	
___	___

Dezenas	Unidades
||||||	
___	___

2 Conte os lápis e escreva as dezenas exatas. Veja o exemplo.

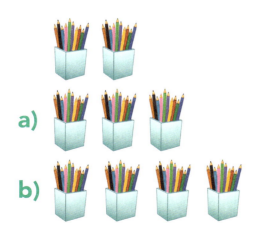

| 2 dezenas | 20 |

a)

| | |

b)

| | |

Matemática 131

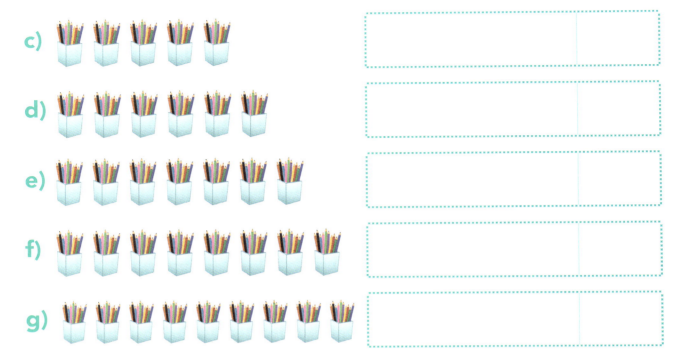

3. Complete a trilha escrevendo as dezenas exatas.

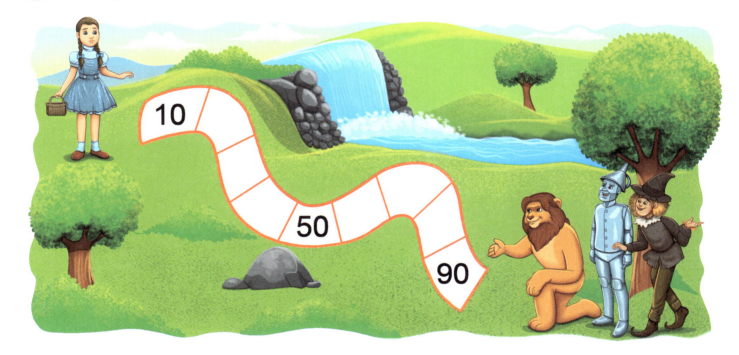

4. Leia as palavras e ligue-as aos números correspondentes a elas.

a) dez • • 30
b) vinte • • 90
c) sessenta • • 10
d) noventa • • 20
e) trinta • • 70
f) setenta • • 60
g) quarenta • • 40

Ampliando o estudo sobre o sistema de numeração decimal

Atividades

1 Faça como o exemplo.

Dezenas	Unidades
||	|
2	1

21

vinte e um

a)
Dezenas	Unidades
|||||	|||

_____

_____

b)
Dezenas	Unidades
||||	||||||||

_____

_____

c)
Dezenas	Unidades
|||||||	||||||

_____

_____

d)
Dezenas	Unidades
||||||||	||

_____

_____

e)
Dezenas	Unidades
|||||||	||||

_____

_____

2 Complete o quadro com os números que faltam.

20		22				26			
			33				37		
	41				45				
								58	59
60						66			
		72							
			83				87		
	91				95				99

3 Faça desenhos para representar as quantidades pedidas.

a) 1 dezena e 6 unidades de quadradinhos

b) 1 dezena e 2 unidades de bolinhas

c) 2 dezenas e 1 unidade de triângulos

Matemática

Adição com três ou mais parcelas

Observe:
Dora e Lia estão brincando. Quantos brinquedos elas têm?

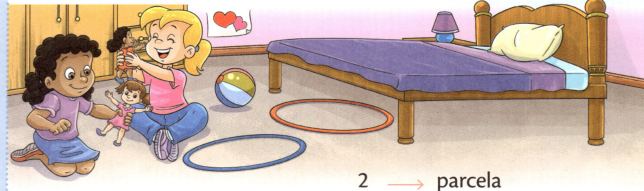

$2 + 2 + 1 = 5$

$$\begin{array}{r} 2 \\ 2 \\ +\ 1 \\ \hline 5 \end{array}$$ → parcela
→ parcela
→ parcela
→ soma ou total

Resposta: Dora e Lia têm 5 brinquedos.

Atividades

1) Observe as cenas e resolva os problemas a seguir.

a) Lúcia comprou para o lanche: 1 suco de uva, 1 pãozinho e 2 brigadeiros. Quantos itens Lúcia comprou?

Sentença matemática   Cálculo

Resposta: _____

b) Para construir um castelo, Luís usou 4 peças quadradas, 2 peças triangulares e 1 peça retangular. Quantas peças Luís utilizou?

Sentença matemática   Cálculo

Resposta: _____

2 Resolva as operações.

a) 3 + 2 + 0 =

c) 5 + 2 + 1 =

b) 6 + 2 + 1 =

d) 1 + 2 + 1 =

Vamos cantar

Sete e sete são quatorze, sereia
Com mais sete, vinte e um, sereia
Tenho sete namorados, sereia
Mas não gosto de nenhum, ô sereia.

Cantiga.

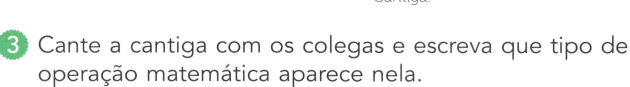

3 Cante a cantiga com os colegas e escreva que tipo de operação matemática aparece nela.

Resposta: _____

Um pouco mais sobre o sistema de numeração decimal, adição e subtração

Atividades

1) Conte os quadradinhos e represente a quantidade no quadro de valor de lugar. Depois, escreva o número ao lado. Veja o exemplo.

Dezenas	Unidades
|||||	||
5	2

52

cinquenta e dois

Dezenas	Unidades
||||||	|||||

_____

_____

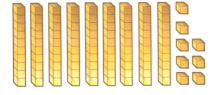

Dezenas	Unidades
|||||||||	|||||||

_____

_____

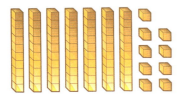

Dezenas	Unidades
|||||||	||||||||

_____

_____

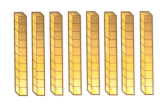

Dezenas	Unidades
|||||||	

_____

_____

NOME: _____ DATA: _____

Adição com dezenas e unidades

Para somar números que apresentam dezenas e unidades, somamos primeiro as unidades e depois as dezenas. Observe:

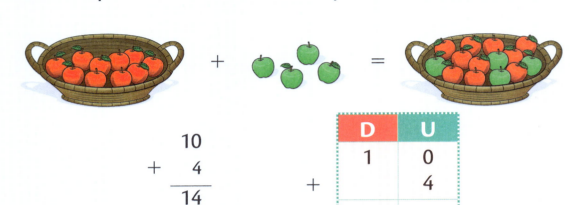

	D	U
	1	0
+		4
	1	4

```
    10
+    4
____
    14
```

Atividades

1) Some os elementos e preencha o quadro de valor de lugar.

 + = _____ pintinhos

D	U

+ = _____ pirulitos

D	U

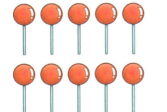 + = _____ pipocas

D	U

Matemática 139

2 Resolva os problemas a seguir.

a) Maria foi à papelaria e comprou 10 pincéis grossos e 7 pincéis finos. Quantos pincéis Maria comprou no total?

Resposta: _____

b) Aline colheu no jardim 10 rosas vermelhas e 9 rosas brancas. Quantas rosas Aline colheu?

Resposta: _____

c) Júlio observou, no quintal da casa dele, 10 joaninhas e 4 borboletas. Quantos bichinhos Júlio viu?

Resposta: _____

3 Resolva as operações e pinte a borboleta de acordo com o resultado. Use a legenda de cores.

a)  10 + 1 = _____

b)  10 + 6 = _____

c)  10 + 8 = _____

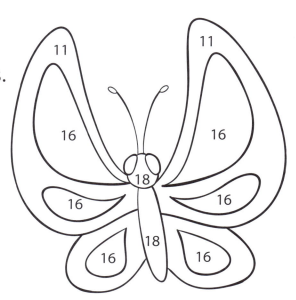

NOME: _____ DATA: _____

Revisando os números de 1 a 99

Atividades

1 Conte quantas lâmpadas Aladim coleciona e registre o número no quadro.

2 Complete o diagrama com os números indicados.

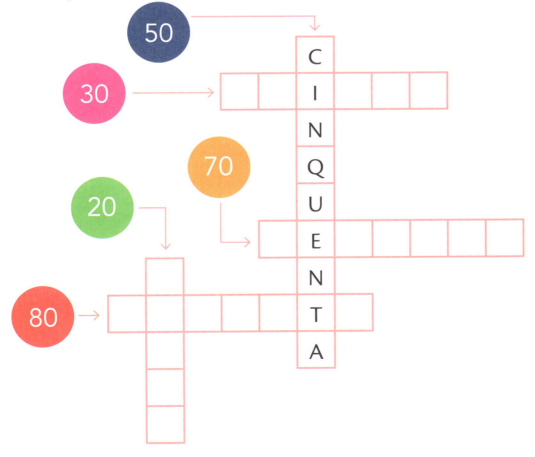

Matemática 141

3 Escreva o número pedido em cada questão.

a) trinta e dois _____
b) quarenta e seis _____
c) cinquenta e um _____
d) sessenta e quatro _____
e) noventa e cinco _____
f) setenta e nove _____
g) oitenta e três _____
h) vinte e oito _____

4 Ligue os números em ordem crescente e descubra a figura. Comece pelo número 60.

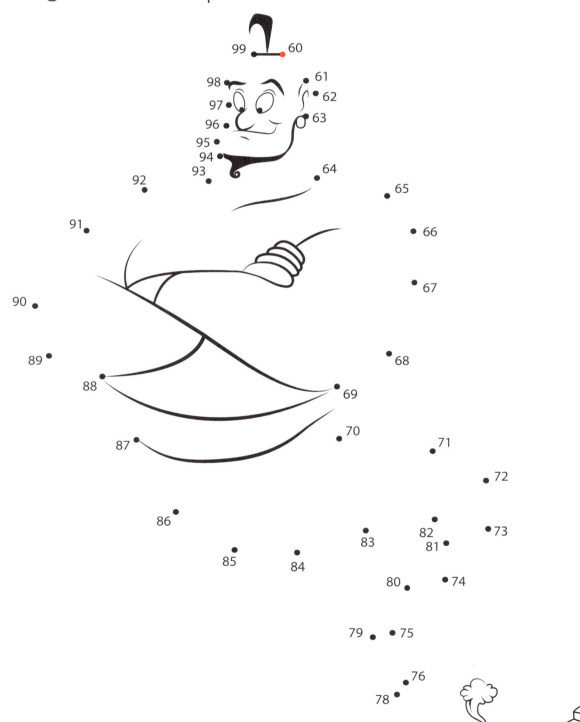

NOME: _____ DATA: _____

Subtração com dezenas e unidades

Para subtrair números que apresentam dezenas e unidades, subtraímos primeiro unidade de unidade, depois subtraímos dezena de dezena. Observe:

 −  =

$$\begin{array}{r} 12 \\ -2 \\ \hline 10 \end{array}$$

D	U
1	2
	2
1	0

Atividades

1 Resolva os problemas a seguir.

a) Cacá fez 19 pipas. Deu 6 pipas para um amigo. Com quantas pipas ele ficou?

Resposta: _____

Matemática 143

b) Luci fez 15 castelinhos de areia na praia. A onda veio e destruiu 4 castelinhos. Quantos ficaram?

Resposta: _____

c) Para o aniversário de Juca, dona Lica comprou 18 cata-ventos, mas 6 estavam com defeito. Quantos cata-ventos puderam ser usados?

Resposta: _____

2 Retire do quadro o nome dos termos da subtração e, depois, escreva-os nos locais adequados.

> resto ou diferença – minuendo – subtraendo

a)
```
    19  →  _____
  −  3  →  _____
    16  →  _____
```

b)
```
    15  →  _____
  −  4  →  _____
    11  →  _____
```

144 Matemática

NOME: _____ DATA: _____

Adição com reserva

Nesta operação somamos unidade com unidade e dezena com dezena. Quando necessário, fazemos trocas de 10 unidades por 1 dezena. Observe:

Pepeu tem uma coleção com 18 réplicas de dinossauro. No aniversário dele, ganhou mais 5. Quantas réplicas Pepeu tem agora?

Agora, Pepeu tem 23 réplicas.

Atividades

1) Resolva os problemas a seguir.

a) Na primeira fornada, o padeiro fez 12 pães. Na segunda fornada, ele fez 19 pães. No total, quantos pães o padeiro fez?

Resposta: _____

b) Tina e Mila estão brincando de arremessar argolas. Tina fez 17 pontos, e Mila, 13 pontos. Quantos pontos as duas fizeram juntas?

Resposta: _____

c) Rafael e Lorena fizeram uma receita de broas de milho. Rafael fez 19 broas e Lorena fez 23. Quantas broas eles fizeram juntos?

Resposta: _____

3 Resolva as adições.

a)
D	U
1	9
+	7

b)
D	U
4	1
+ 1	9

c)
D	U
6	5
+	9

d)
D	U
5	7
+	6

e)
D	U
7	2
+	8

f)
D	U
7	5
+ 1	6

g)
D	U
3	1
+	9

h)
D	U
1	1
+ 1	9

NOME: _____ DATA: _____

Subtração com recurso

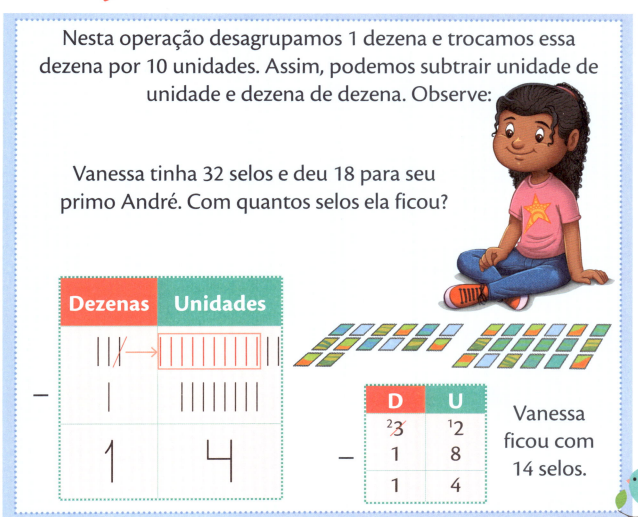

Nesta operação desagrupamos 1 dezena e trocamos essa dezena por 10 unidades. Assim, podemos subtrair unidade de unidade e dezena de dezena. Observe:

Vanessa tinha 32 selos e deu 18 para seu primo André. Com quantos selos ela ficou?

Vanessa ficou com 14 selos.

Atividades

1) Resolva os problemas a seguir.

a) Uma floricultura tinha 45 rosas. Vendeu 28. Quantas rosas ainda há na floricultura?

Resposta: _____

Matemática 147

b) Lia tinha uma coleção com 64 papéis de carta. Deu 26 papéis para uma amiga. Com quantos papéis de carta Lia ficou?

Resposta: _____

c) Dona Lúcia fez 52 bolachinhas de leite. Os netos dela comeram 36 bolachinhas. Quantas sobraram?

Resposta:
_____

2 Calcule a subtração a seguir e indique o resultado dela pintando corações no quadro.

23 − 17

Centenas

Mauricio de Sousa. *Cebolinha*, São Paulo: Globo, n. 145, p. 66.

Uma centena representa 10 dezenas.
E 10 dezenas representam 100 unidades.
Observe:

Centenas	Dezenas	Unidades
1	0	0

Matemática 149

Atividades

1 Escreva o número que vem entre os números indicados.

a) 124 _125_ 126

b) 109 _110_ 111

c) 120 _121_ 122

d) 128 _129_ 130

e) 99 _100_ 101

f) 104 _105_ 106

g) 115 _116_ 117

h) 119 _120_ 121

2 Ligue os pontos de 80 a 100 na ordem crescente.

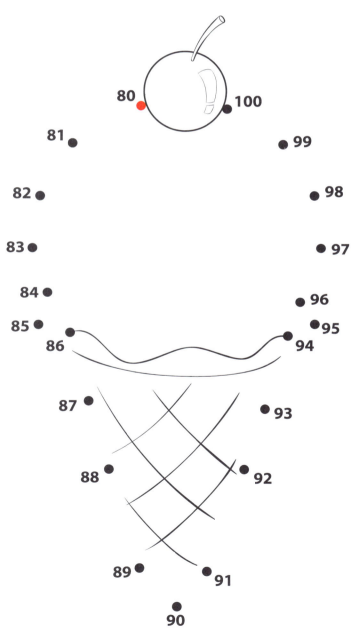

NOME: _____ DATA: _____

Multiplicação

Quando queremos adicionar quantidades iguais, usamos a **multiplicação**. O sinal da multiplicação é × (vezes). Observe:

As crianças levaram frutas para o piquenique.
Quantas frutas há no total?

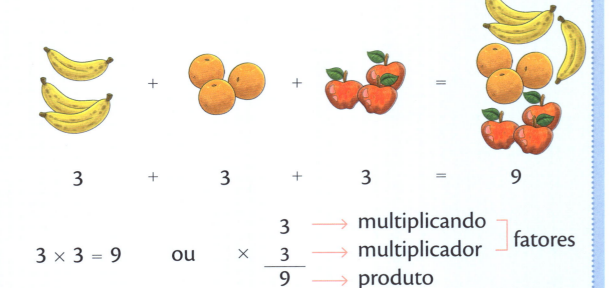

3 + 3 + 3 = 9

3 × 3 = 9   ou   × $\begin{array}{r} 3 \\ 3 \\ \hline 9 \end{array}$ → multiplicando
→ multiplicador ⎤ fatores
→ produto

Há 9 frutas no total.

Matemática

Atividades

1 Resolva os problemas a seguir.

a) Lucas tem 2 carrinhos. Quantas rodas há no total?

- Quantos carrinhos havia? _____
- Quantas rodas cada carrinho tem? _____
- Qual é o total de rodas? _____

b) Maria, Angélica, Natália e Lila colheram flores do jardim. Cada uma colheu 4 margaridas. Quantas flores elas colheram ao todo?

- Quantas meninas havia? _____
- Quantas flores cada menina colheu? _____
- Quantas flores foram colhidas no total? _____

c) Pedro e Carlos são artesões. Eles fabricam brinquedos de madeira. Carlos fabricou 6 bonecos, e Pedro fabricou 6 carrinhos. Quantos brinquedos eles fabricaram?

- Quantos artesões havia? _____
- Quantos brinquedos cada um fabricou? _____
- Quantos brinquedos os dois fabricaram juntos? _____

NOME: _____ DATA: _____

Um pouco mais de multiplicação

Atividades

1 Calcule as multiplicações e pinte o resultado delas com a cor indicada.

2 × 7   6

2 × 1   14

2 × 3   12

2 × 9   2

2 × 6   18

2 Conte quantos lápis há na imagem a seguir e escreva a quantidade no quadro. Depois, pinte as operações que possibilitam chegar a esse valor.

| 1 × 10 | 9 + 1 | 2 × 5 | 3 + 3 | 4 + 4 |

| 5 + 5 | 6 + 6 | 2 × 2 | 11 − 1 |

Matemática 153

3 Sublinhe o nome dos termos da multiplicação.

a) produto
b) multiplicando
c) subtraendo
d) parcelas
e) multiplicador
f) resto

4 Observe cada número e represente-o com barrinhas no quadro de valor de lugar.

95		
Centenas	Dezenas	Unidades

99		
Centenas	Dezenas	Unidades

88		
Centenas	Dezenas	Unidades

100		
Centenas	Dezenas	Unidades

5 Escreva o resultado das operações e ligue cada adição à multiplicação correspondente a ela.

9 + 9 = _____

5 + 5 + 5 + 5 + 5 + 5 = _____

4 + 4 + 4 + 4 = _____

3 + 3 + 3 + 3 + 3 + 3 = _____

6 + 6 + 6 + 6 = _____

4 × 4 = _____

6 × 4 = _____

3 × 6 = _____

5 × 6 = _____

9 × 2 = _____

Prova real da adição e da subtração

Para verificar se o resultado da operação está correto, deve-se fazer a **prova real**.

Na **adição** a prova real é a operação inversa, ou seja, a subtração (−).
Observe:
Júlia tem 9 bonecas de pano. Ganhou mais 3 bonecas de louça. Com quantas bonecas Júlia ficou?

```
    9              12
+   3          −    3
   12               9
```

A soma é utilizada como minuendo. Uma parcela será o subtraendo. O resto ou diferença deverá ser a outra parcela.

Na **subtração** a prova real é a operação inversa, ou seja, a adição (+).
Observe:
Júlia tinha 12 bonecas e deu 2 para sua prima. Quantas bonecas Júlia tem agora?

```
   12              2
−   2          +  10
   10             12
```

A diferença ou resto é somada ao subtraendo, e a soma dessa operação deverá ser igual ao minuendo.

Atividades

1 Resolva os problemas a seguir e tire a prova real.

a) Marta tem 9 anos e sua irmã, Luma, tem 7. Quantos anos somam as idades das duas juntas?

Cálculo   Prova real

Resposta: _____

b) Roberto tem 33 figurinhas e Jonas tem 25. Quantas figurinhas os dois têm juntos?

Cálculo   Prova real

Resposta: _____

c) Rafaela fez uma pulseira com 28 contas. A pulseira quebrou e foram perdidas 12 contas. Quantas contas sobraram?

Cálculo   Prova real

Resposta: _____

d) André apontou 12 lápis de cor. Mas 3 lápis já estão com as pontas quebradas. Quantos lápis ainda têm ponta?

Cálculo   Prova real

Resposta: _____

Revisando a multiplicação

Atividades

1 Calcule as multiplicações e pinte com a mesma cor as que tiverem o resultado igual.

3 × 2 = _____   2 × 3 = _____   3 × 3 = _____

9 × 1 = _____   3 × 4 = _____

4 × 2 = _____   8 × 1 = _____   6 × 2 = _____

2 Resolva os problemas a seguir.
a) Um triciclo tem 3 rodas. Quantas rodas terão 3 triciclos?

Resposta: _____

b) No circo havia 3 pipoqueiros. Cada pipoqueiro vendeu 9 saquinhos de pipoca. Quantos saquinhos de pipoca foram vendidos no total?

Resposta: _____

3) Faça desenhos para encontrar o resultado das operações a seguir. Depois, complete a sentença. Veja o exemplo.

3 + 3 = 6   ou   3 × 2 = 6

a) 3 + 3 + 3 = _____ ou _____ × _____ = _____

b) 3 + 3 + 3 + 3 = _____ ou _____ × _____ = _____

c) 3 + 3 + 3 + 3 + 3 = _____ ou _____ × _____ = _____

Matemática

NOME: _____ DATA: _____

Dobro e triplo

Para encontrar o **dobro** de um número, basta multiplicar esse número por **2**.
Para encontrar o **triplo** de um número, basta multiplicar esse número por **3**.

Atividades

1 Observe a tabela e continue calculando conforme o exemplo.

●	● ●	O dobro de 1 é 2.
1	2	2 × 1 = 2

● ●		O dobro de ___ é ___.
		___ × ___ = ___

● ● ●		O dobro de ___ é ___.
		___ × ___ = ___

● ● ● ●		O dobro de ___ é ___.
		___ × ___ = ___

● ● ● ● ●		O dobro de ___ é ___.
		___ × ___ = ___

Matemática

2 Ligue cada número à quantidade de bolinhas que corresponde a seu triplo.

3 Conte quantos peixinhos há na imagem a seguir e escreva a quantidade no quadro. Depois, pinte as operações que possibilitam chegar a esse valor.

3 × 4   6 + 6   3 × 9

NOME: _____ DATA: _____

Divisão

Quando queremos repartir quantidades em partes iguais, usamos a **divisão**. O sinal da divisão é ÷. Observe:

As crianças estão brincando de arremessar argolas, mas, antes, precisam dividir as 6 argolas em 2 partes iguais. Com quantas argolas cada criança ficará?

6   ÷   2   =   3

ou

dividendo → 6 | 2 ← divisor
resto → 0   3 ← quociente

Cada criança ficará com 3 argolas.

Matemática

Atividades

1 Resolva os problemas a seguir.

a) Leandro e Miguel pediram uma *pizza* com 8 fatias e a dividiram entre eles. Com quantas fatias de *pizza* cada um ficou?

- Quantas fatias de *pizza* havia? _____
- Quantas crianças havia? _____
- Quantas fatias para cada criança? _____

b) Joana ganhou uma caixa com 10 bombons de chocolate e a dividiu igualmente com sua prima Isabela. Com quantos bombons cada uma ficou?

- Quantos bombons havia? _____
- Quantas crianças havia? _____
- Quantos bombons para cada criança? _____

2 Observe a imagem e circule a operação indicada por ela.

$8 \div 2$ $14 \div 2$

$20 \div 2$ $2 \div 2$

162 **Matemática**

Revisando sistema de numeração, multiplicação e divisão

Atividades

1. Complete a trilha levando o escoteiro até sua barraca.

2 Escreva por extenso o número que vem logo depois dos números dados.

a) 100 _____

b) 105 _____

c) 118 _____

d) 125 _____

e) 134 _____

f) 149 _____

3 Resolva as operações.

a)
```
    9
×   2
_____
```

b)
```
    7
×   2
_____
```

c)
```
    5
×   3
_____
```

4 Retire do quadro os nomes dos termos da divisão e escreva-os nos lugares adequados.

> quociente – dividendo – divisor – resto

$$\begin{array}{r|l} 18 & 2 \\ 0\ 9 & \end{array}$$

5 Resolva as operações.

a) 16 ÷ 2 =

b) 10 ÷ 2 =

NOME: _____ DATA: _____

Metade de um número

Encontrar a metade de um número é reparti-lo igualmente ao meio, ou seja, dividi-lo por 2.

Atividades

1 Divida as flores igualmente entre os vasos desenhando-as. Depois, resolva a operação.

10 ÷ 2 = _____

2 Ligue os números da esquerda ao número da direita que representa sua metade.

20	8
12	7
14	9
16	10
18	6

Matemática

3 Pedro tem 8 anos. Seu irmão tem metade de sua idade. Quantos anos tem o irmão de Pedro?

Resposta: _____

4 Em cada item, pinte apenas a metade da quantidade de figuras.

a)

b)

c)

5 Complete com o número pedido.

a) 1 é metade de _____
b) 2 é metade de _____
c) 3 é metade de _____
d) 4 é metade de _____
e) 5 é metade de _____
f) 6 é metade de _____

6 Represente com desenhos a metade de 20 flores.

Números pares e números ímpares

> **Números pares** são os números cuja divisão por 2 (ou seja, quando são agrupados de 2 em 2) tem zero como resto.
> **Números ímpares** são os números cuja divisão por 2 (ou seja, quando são agrupados de 2 em 2) tem 1 como resto.

Atividades

1) Ligue os pares de animais. Depois, responda às questões.

a) Quantos animais há no total? _____

b) Esse número é par ou ímpar? _____

2) Vítor e Ana disputaram no par ou ímpar quem iniciaria o jogo. Ana pediu par e ganhou. Dos números a seguir, pinte os possíveis resultados.

Matemática

3 Circule apenas os itens que compramos aos pares.

4 Pinte apenas os espaços em que aparecem números ímpares e descubra uma fruta. Use as cores indicadas.

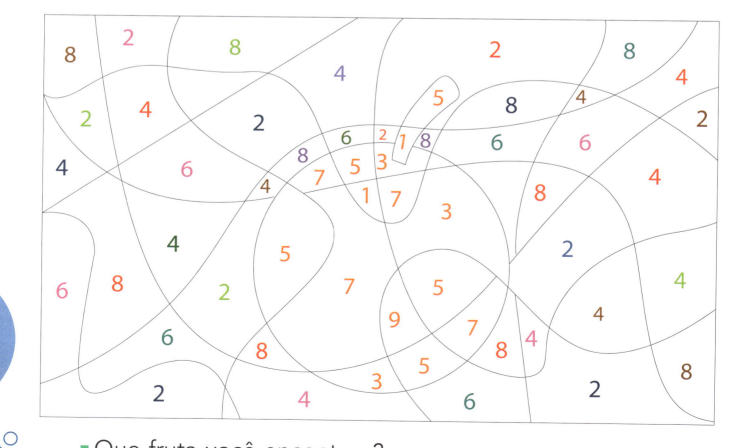

- Que fruta você encontrou? _____

168 **Matemática**

Dúzia e meia dúzia

Um grupo de **12 unidades** representa **uma dúzia**.
Meia dúzia, ou seja, metade de uma dúzia, são **6 unidades**.

Atividades

1 Circule o agrupamento que apresenta uma dúzia de elementos.

2 Complete as caixas até formar uma dúzia em cada.

3 Resolva as adições e, depois, circule as somas cujo total representa uma dúzia.

a) 5 + 6 = _____   d) 7 + 4 = _____   g) 8 + 4 = _____
b) 6 + 6 = _____   e) 9 + 3 = _____   h) 8 + 3 = _____
c) 7 + 5 = _____   f) 10 + 2 = _____   i) 9 + 4 = _____

4 Trace uma linha para separar as flores em grupos de meia dúzia.

5 Conte a quantidade de cada item e escreva se ela corresponde a meia dúzia ou uma dúzia.

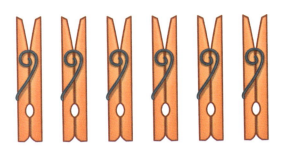
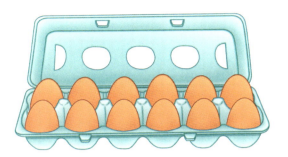

a) _____ dúzia

c) _____ dúzia

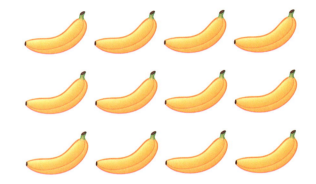

b) _____ dúzia

d) _____ dúzia

6 Resolva os problemas a seguir calculando mentalmente.

a) Lúcia comprou uma dúzia de laranjas e meia dúzia de limões. Quantas frutas Lúcia comprou?

Resposta: _____

b) A mãe de Maria Isabel comprou uma dúzia de bananas e usou meia dúzia para fazer uma torta. Quantas bananas sobraram?

Resposta: _____

c) João Paulo comprou meia dúzia de maçãs, meia dúzia de peras e meia dúzia de *kiwis*. Quantas frutas João Paulo comprou ao todo?

Resposta: _____

Números ordinais

Os **números ordinais** são aqueles que indicam ordem, ou seja, a posição ocupada em uma sequência. Sua representação é o número seguido do símbolo º. Exemplos: 1º, 2º, 3º.

Atividades

1. Complete o diagrama escrevendo por extenso os números ordinais.

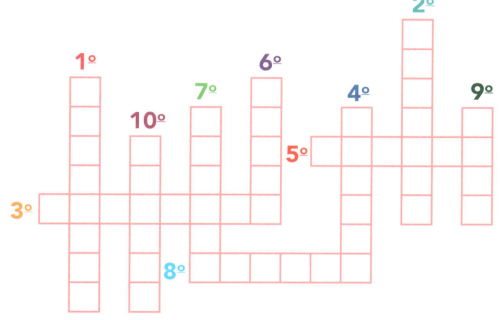

2. Observe a cena final da fábula *A lebre e a tartaruga* e escreva o nome dos animais de acordo com a colocação deles na corrida.

1º lugar: _____

2º lugar: _____

Matemática

3 Leia a história dos três porquinhos e numere as cenas de acordo com a ordem em que elas acontecem. Use os números ordinais.

Os três porquinhos

Os três irmãos porquinhos tinham de construir suas casas para se protegerem do frio e das ameaças do lobo mau. O primeiro porquinho construiu uma casa de palha; o segundo, uma casa de madeira; e o terceiro, uma casa de tijolo.

O lobo mau, muito faminto, caminhava pela floresta quando encontrou a casa de palha do primeiro porquinho. Soprou e soprou até derrubá-la. O porquinho então saiu correndo em direção à casa do segundo porquinho.

Mas o lobo mau encontrou a casa de madeira e fez a mesma coisa: soprou e soprou até derrubá-la. Os dois porquinhos então se abrigaram na casa de tijolo do terceiro porquinho.

O lobo mau correu atrás dos porquinhos e chegou até a casa de tijolo. Soprou e soprou, mas não conseguiu derrubar a terceira casa, já que ela era forte e bem construída.

Os três porquinhos passaram então a viver juntos na casa de tijolo, bem aquecida e forte o bastante para protegê-los do lobo mau.

Conto de Joseph Jacobs.

NOME: _____ DATA: _____

Nosso dinheiro

O **real** é o dinheiro usado atualmente no Brasil.
O símbolo do real é **R$**. Nosso dinheiro apresenta moedas e cédulas (também chamadas de notas). Veja:

Moedas

Cédulas

Fotos: Banco Central do Brasil

Atividades

1 Para comprar uma bola, Felipe pegou R$ 28,00 de seu cofrinho e Malu pegou R$ 19,00. Observe a cena e responda às perguntas.

a) Qual das crianças conseguirá comprar a bola? _____
b) Ao comprar a bola, sobrará troco? _____
c) De quanto será o troco? _____

Matemática 173

2. Com o auxílio de um adulto, pesquise o preço dos produtos a seguir.

a) _____   b) _____   c) _____

- Agora escreva o nome do produto de maior valor.

_____

3. Resolva o problema a seguir.

a) Ana Clara foi à feira e pagou 12 reais pelas frutas, e 18 reais pelas verduras. Quanto ela gastou no total?

Resposta: _____

b) Inicialmente Ana Clara tinha 50 reais. Com quanto ela ficou depois de ir à feira?

Resposta: _____

4. Circule as cédulas necessárias para formar a quantia indicada no quadro.

R$ 46,00

Revisando as centenas

Atividades

1 Escreva o número que está entre os números indicados.

a) 119 _____ 121   e) 128 _____ 130

b) 148 _____ 150   f) 155 _____ 157

c) 135 _____ 137   g) 99 _____ 101

d) 159 _____ 161   h) 98 _____ 100

2 Encontre no diagrama o nome de seis números escritos por extenso.

Q	W	E	D	A	C	D	G	J	Ç	D	A	I	K	Ç
C	E	N	T	O	E	C	I	N	Q	U	E	N	T	A
E	F	I	R	O	J	K	R	R	S	Z	Q	H	G	Z
N	F	E	M	J	O	O	A	S	S	E	E	W	R	A
C	E	N	T	O	E	N	O	V	E	N	T	A	S	Q
O	L	N	Q	F	G	Z	Q	G	H	T	O	P	X	I
I	R	J	K	W	T	A	N	B	A	O	W	T	Y	U
N	C	E	N	T	O	E	S	S	E	S	S	E	N	T	A
O	E	B	Z	Q	A	H	T	C	B	M	T	J	H	G
Y	R	C	E	N	T	O	E	O	I	T	E	N	T	A
E	W	O	R	P	D	N	M	Y	U	X	Q	B	D	X
N	L	C	E	N	T	O	E	S	E	T	E	N	T	A

Matemática 175

3 Some os números e preencha o quadro de valor de lugar. Veja o exemplo.

a) 100 + 10 + 6 = 116

C	D	U
1	1	6

c) 100 + 20 + 1 = _____

C	D	U

b) 100 + 30 + 7 = _____

C	D	U

d) 100 + 40 + 4 = _____

C	D	U

4 Ligue os pontos em ordem crescente de 150 a 200.

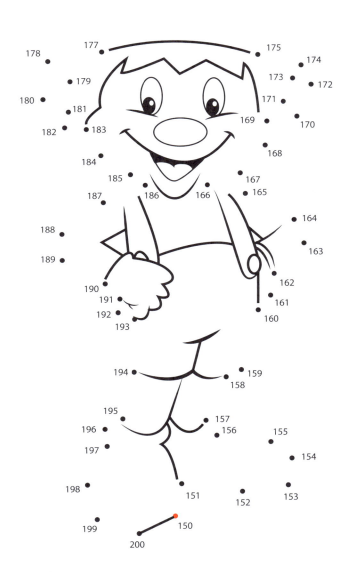

Revisando as operações matemáticas

Atividades

1 Paulo e Roberta apostaram uma corrida de saco. Some os pontos que cada um encontrou no percurso da corrida. Vencerá quem tiver mais pontos.

a) Quantos pontos fez Roberta? _____
b) Quantos pontos fez Paulo? _____
c) Quem venceu a corrida? _____
d) Qual é a diferença de pontos entre eles? _____

2 Calcule cada operação e ligue-a à resposta certa.

a) 5 + 12   14

b) 24 − 10   4

c) 2 × 8   17

d) 8 ÷ 2   16

3 Desafio! Pela manhã, Alice comprou 3 maçãs e 3 bananas. À tarde, ela comeu 2 frutas. O restante das frutas dividiu igualmente entre seus dois irmãos. Quantas frutas recebeu cada irmão?

Resposta: _____

Vamos brincar

4 Preencha o quadro com os números ímpares de 1 a 7. Mas atenção: você não pode repetir o número na mesma linha ou coluna.

	1		7
7		5	
		7	1
1			

NOME: _____ DATA: _____

Medidas de tempo

O tempo é dividido em **horas**, **minutos** e **segundos**.

Vamos ler

[...] Claro Sol já vem raiando,
Iluminando a manhã.
Na brisa, os versos da Lua
Com cheirinho de hortelã.

A vida, então, amanhece.
O galo acorda manhoso.
As estrelas adormecem,
Num merecido repouso.

Neusa Sorrenti. *Lua cheia de poesia.*
São Paulo: Editora do Brasil, 2010. p. 22.

Atividades

1. Você costuma seguir sempre uma rotina no dia a dia? Responda às perguntas e conte um pouco sobre seus hábitos!

   a) A que horas você acorda? _____

   b) A que horas vai dormir? _____

   c) A que horas começa a aula? _____

   d) Você estuda de manhã ou à tarde? _____

2. Calcule mentalmente e responda à questão.

   - Alexandre acorda sempre às 6 horas, porque estuda de manhã. Aos sábados, ele acorda 2 horas e meia mais tarde que o habitual. A que horas Alexandre acorda aos sábados?

   Resposta: _____

Matemática

3 Retire do quadro as palavras que completam corretamente as frases a seguir.

> 24 HORAS – MINUTOS – HORAS – RELÓGIO

a) Um dia tem _____.

b) O _____ marca as horas.

c) O ponteiro pequeno do relógio marca as _____.

d) O ponteiro grande do relógio marca os _____.

4 Ligue os relógios que estão marcando a mesma hora.

NOME: _____ DATA: _____

O ano

Um **ano** está dividido em 12 meses. Um **mês** é dividido em semanas. Uma **semana** tem 7 dias.

Atividades

1 Desembaralhe as letras e descubra o nome dos meses do ano.

OORBUTU	HLOUJ	SGAOTO
VEEIFROER	VEMONORB	ROJAIEN
ORBZEDEM	OMIA	ILABR
ÇOARM	NHOUJ	RBMESTEO

2 Agora, responda às questões.

a) Em qual mês estamos? _____

b) Qual é o mês do seu aniversário? _____

Matemática

3 Complete o calendário do mês de seu aniversário neste ano e responda às questões.

Ano: _____ Mês: _____

D	S	T	Q	Q	S	S

a) Em que dia da semana é seu aniversário neste ano?
Resposta: _____

b) O mês em que você faz aniversário tem quantos dias?
Resposta: _____

4 Circule as respostas corretas.

a) Qual é o mês do ano que tem menos dias?

MAIO   FEVEREIRO   OUTUBRO

b) Neste ano, quantos dias tem esse mês?

28 dias   29 dias

c) Qual nome é dado ao ano quando o mês de fevereiro tem 29 dias?

bissexto   sexto   dissexto

182 Matemática

Medida de comprimento

Atividades

1) Malu é mais alta que Cida, e Duda é mais alta que Malu. Descubra quem é quem na imagem a seguir e nomeie as meninas corretamente.

_____

2) E você? Qual é sua altura?

_____

Matemática 183

3 Na régua representada abaixo, coloque os números que faltam para descobrir quantos centímetros ela tem.

Essa régua tem _____ centímetros.

4 Vamos medir o material escolar? Com uma régua, meça o tamanho, em centímetros, dos objetos a seguir.

a) Borracha: _____ cm.

b) Caderno: _____ cm.

c) Lápis: _____ cm.

5 Resolva os problemas a seguir.

a) Dona Rita comprou 8 metros de tecido para fazer uma cortina. Usou apenas 6 metros. Quantos metros de tecido restaram?

Resposta: _____

b) Um rolo de barbante tem 4 metros. Paulo tem 2 rolos desse barbante. Quantos metros de barbante ele tem?

Resposta: _____

184 **Matemática**

Medida de massa

O **quilograma** é uma unidade de medida usada para medir a **massa** (ou "peso"). O símbolo do quilograma é **kg**.
Observe:

- Por que minha sacola está pesada?
- Porque você está levando 1 quilo de batatas.
- E eu estou levando meio quilo de tomate.

Atividades

1. Circule na imagem acima a criança que está levando a sacola mais pesada.

2. Você já se pesou? Quantos quilogramas você "pesa"?

   Eu "peso" _____ quilos.

3. O pacote de cada produto a seguir "pesa" 1 quilo. Calcule mentalmente o "peso" que cada sacola terá.

_____   _____   _____

Matemática

4 Marque com um **X** o que você considera mais pesado em cada caso.

a)

b)

c)

5 Com a ajuda de um adulto, pesquise em panfletos de propaganda ou no supermercado do bairro onde mora o preço dos produtos a seguir.

a) 1 kg de feijão: _____

b) 1 kg de farinha: _____

c) 1 kg de café: _____

d) 1 kg de sabão em pó: _____

6 Rômulo colheu de sua horta 12 kg de batatas e vendeu em partes iguais para 2 supermercados do bairro. Quantos quilogramas de batatas cada supermercado comprou?

Resposta: _____

Medida de capacidade

O **litro** é uma unidade usada para medir a capacidade de um recipiente. O símbolo do litro é **L** ou **ℓ**.

Observe:

Precisamos beber cerca de 2 litros de água por dia.

Nesta caixa há 1 litro de suco.

Atividades

1 Cada caixa representada abaixo contém 1 litro de leite. Seu Antônio utilizará 3 litros de leite em uma receita. Marque com um **X** a quantidade de caixas de leite de que ele precisará.

Resposta: _____

2 Pesquise em sua casa produtos que são medidos em litros e registre abaixo o nome deles.

_____
_____
_____

3 Ligue a quantidade de litros com a capacidade de cada embalagem.

a) 1 litro •

b) 5 litros •

c) 10 litros •

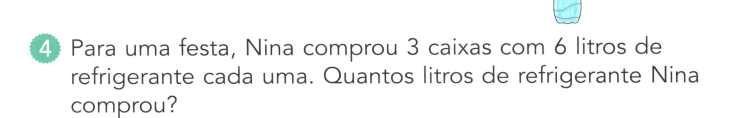

4 Para uma festa, Nina comprou 3 caixas com 6 litros de refrigerante cada uma. Quantos litros de refrigerante Nina comprou?

Resposta: _____

5 Marque com um **X** o objeto que tem maior capacidade em cada caso.

NOME: _____ DATA: _____

Geometria – Sólidos geométricos

Geometria é a parte da Matemática que estuda, entre outras coisas, a forma, o tamanho e a posição entre figuras geométricas. Os sólidos geométricos são figuras não planas, pois apresentam três dimensões: altura, largura e comprimento.
São objetos tridimensionais.
Observe:

Pirâmide.

Cubo.

Cilindro.

Cone.

Paralelepípedo.

Esfera.

Atividades

1 Observe a cena e circule os objetos que lembram a forma de um sólido geométrico.

Matemática 189

2 Escreva com qual sólido geométrico se parecem as figuras a seguir.

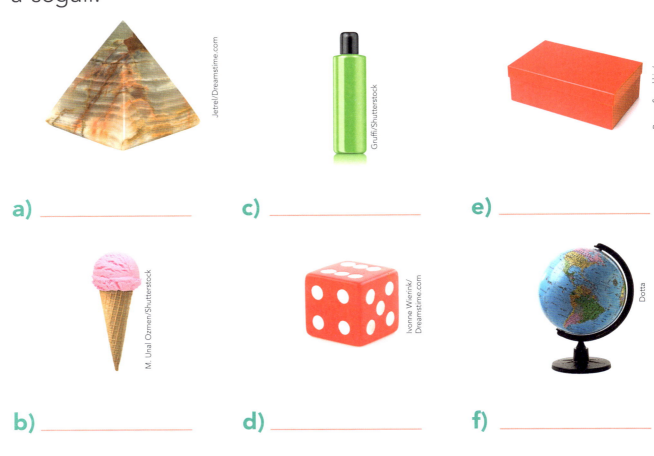

a) _____ c) _____ e) _____

b) _____ d) _____ f) _____

3 Observe seu material escolar. Veja qual objeto lembra a forma dos sólidos geométricos listados a seguir e registre-o.

a) Esfera: _____

b) Cone: _____

c) Cilindro: _____

d) Cubo: _____

e) Pirâmide: _____

f) Paralelepípedo: _____

NOME: _____ DATA: _____

Pirâmide

Vamos brincar

1) Vamos montar uma **pirâmide**? Para começar, dê um belo colorido na imagem a seguir. Depois, observe a legenda para recortar, dobrar e montar esse sólido geométrico.

------ recortar ——— dobrar ••••• colar

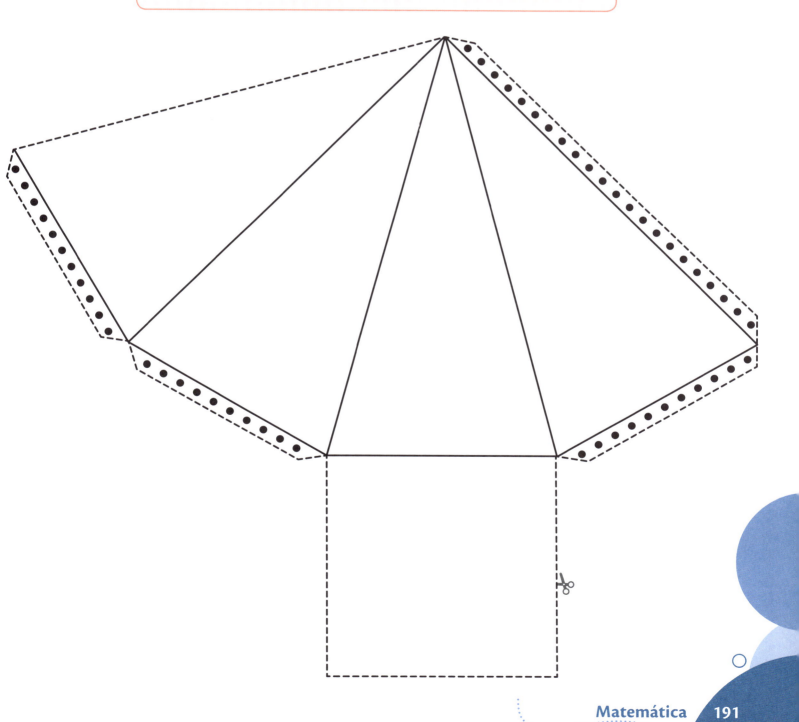

Matemática

Cilindro

Vamos brincar

1 Agora vamos montar outro sólido geométrico? Dê um belo colorido no **cilindro** a seguir. Depois, observe a legenda para montá-lo.

------ recortar ——— dobrar •••• colar

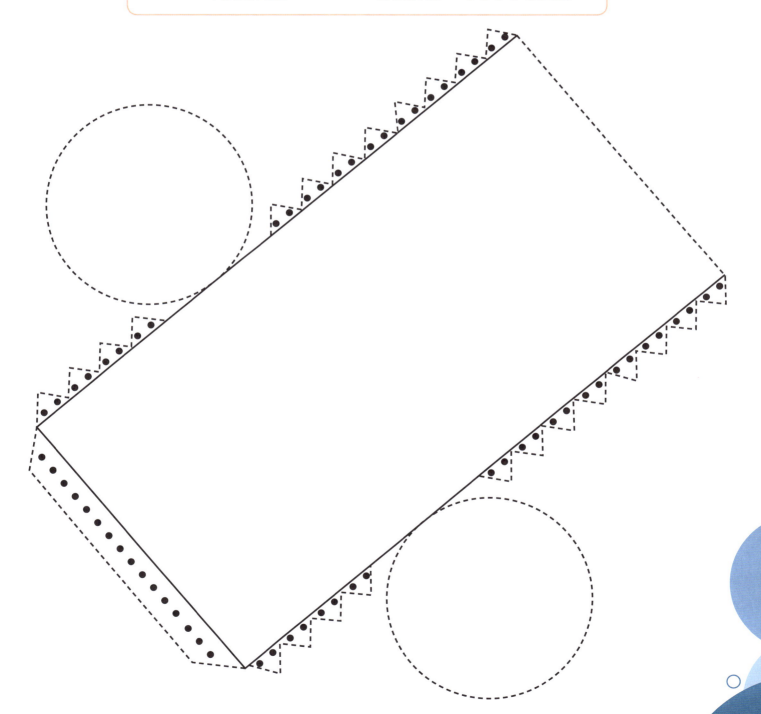

Matemática

NOME: _____ DATA: _____

Sólidos que rolam e sólidos que não rolam

Alguns sólidos apresentam somente **superfícies planas**, por isso **não rolam**. Outros sólidos apresentam **superfície arredondada** ou uma parte arredondada, por isso **rolam**.

Atividades

1 Escreva ao lado de cada sólido geométrico se ele rola ou não rola.

a)
Pirâmide. _____

d)
Cilindro. _____

b)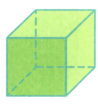
Cubo. _____

e)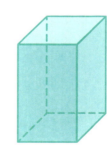
Paralelepípedo. _____

c)
Cone. _____

f)
Esfera. _____

Matemática

2 Ligue os sólidos geométricos às características deles.

a)

sólido arredondado, sem partes planas

b)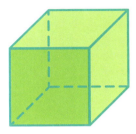

sólido com 6 lados planos

c)

sólido com 2 lados planos e partes arredondadas

d)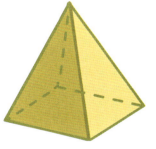

sólido com 1 lado plano e partes arredondadas

e)

sólido com 5 lados planos

NOME: _____ DATA: _____

Geometria – Formas geométricas planas

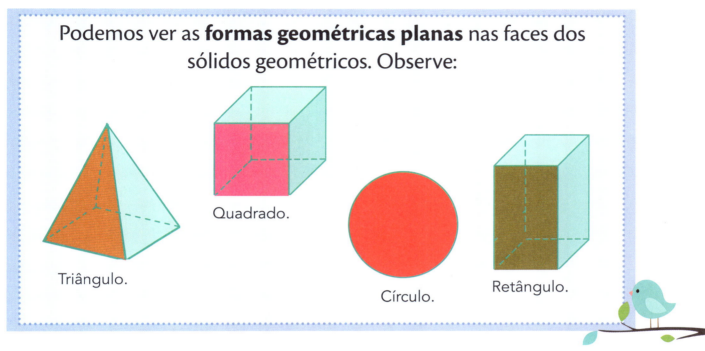

Atividades

1 Pinte da mesma cor as formas geométricas planas iguais.

Matemática 197

2) Observe as cenas e responda às questões correspondentes a elas.

a)

- Quantas figuras planas há na amarelinha? _____
- Que figuras planas são essas? _____

b)

- Quantas figuras planas há nessa brincadeira? _____
- Que figuras planas são essas? _____

NOME: _____ DATA: _____

Vamos brincar

3 Mãos à obra! Recorte as figuras planas a seguir e use sua imaginação para criar um brinquedo, uma paisagem, uma obra de arte ou alguma outra coisa que achar interessante. Depois, cole seu trabalho em uma folha à parte.

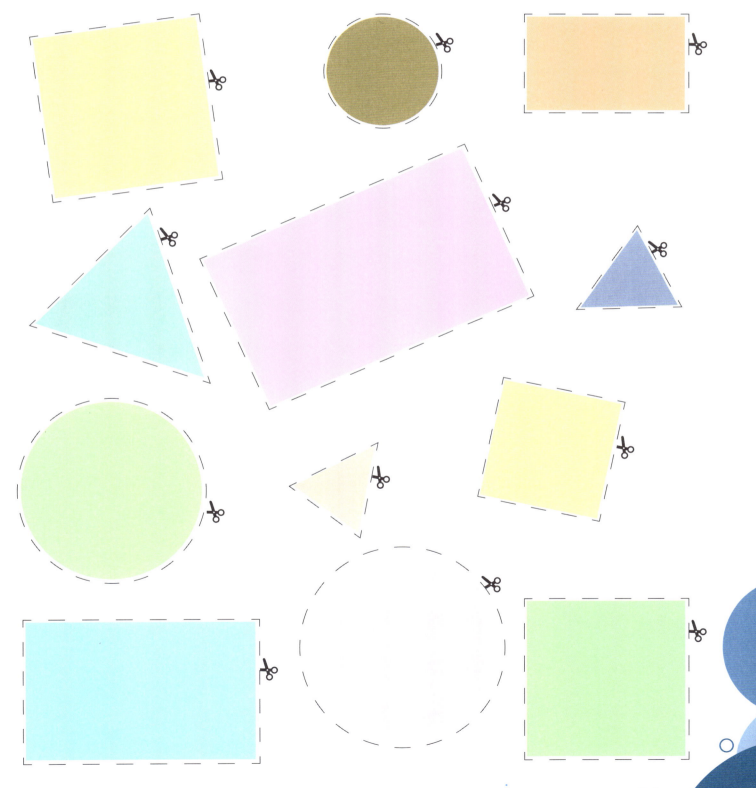

Matemática 199

NOME: _____ DATA: _____

Eu sou criança

Atividades

1 Escreva seu nome e sobrenome.

_____

_____

2 Relacione a segunda coluna com a primeira.

a) sobrenome

☐ Forma carinhosa de chamar uma pessoa de um nome que não é o dela, sempre com a sua autorização.

b) antepassados

☐ Nome que identifica a família de que a pessoa faz parte. Esse nome pode ser do pai, da mãe ou de ambos.

c) apelido

☐ Pessoas da família que viveram antes de nós, como os pais, os tios, os avós, os bisavós etc.

História 201

3 Você tem algum apelido? Se sim, qual?

_____

4 Escreva o nome de dois amigos. Se eles tiverem apelidos, escreva-os ao lado do nome.

_____

_____

> Você sabia que a data de seu aniversário se repete todo ano, e é a mesma data de seu nascimento?

5 Escreva o dia, o mês e o ano em que você nasceu.

_____ de _____ de _____

6 Pinte os círculos a seguir para indicar as atividades que você mais gosta de fazer.

a) ◯ Estudar.

b) ◯ Brincar.

c) ◯ Cantar.

d) ◯ Ler.

e) ◯ Pintar.

f) ◯ Dançar.

g) ◯ Desenhar.

h) ◯ Assistir televisão.

i) ◯ Passear.

j) ◯ Jogar *video game*.

k) ◯ Usar o computador.

l) ◯ Ficar em casa.

7 Marque com um **X** algumas de suas características.

a) ☐ Tranquilo.

b) ☐ Falador.

c) ☐ Tímido.

d) ☐ Agitado.

e) ☐ Calado.

f) ☐ Extrovertido.

NOME: _____ DATA: _____

Sou cidadão: tenho documentos

Atividades

1 Qual é o primeiro documento que toda pessoa adquire?
_____
_____

2 Você tem Carteira de Vacinação? Para que ela serve?
_____
_____

3 Sublinhe a frase que completa cada informação.
   a) Nacionalidade:
   - refere-se ao dia em que você nasceu.
   - refere-se ao país em que você nasceu.

   b) Cidadão ou cidadã:
   - é toda pessoa que mora em um país e tem direitos e deveres.
   - é toda pessoa que vive mudando de país e não tem direitos.

História 203

4. Você é um cidadão? Explique por quê.

_____
_____
_____

5. Ligue os documentos a sua funcionalidade.

- Documento que permite ao cidadão eleger seus governantes.

- Documento que habilita pessoas maiores de 18 anos a dirigir carros, ônibus, motocicletas etc.

- Documento em que são registradas informações profissionais.

- Documento básico de identificação, também conhecido como Registro Geral.

NOME: _____ DATA: _____

Não vivo só!

Atividades

1 Pinte o quadrinho que corresponde à resposta adequada.

- Ao nascer, qual foi o primeiro grupo de que você fez parte?

a) ☐ Grupo escolar.   c) ☐ Grupo de amigos.

b) ☐ Grupo familiar.   d) ☐ Grupo religioso.

2 Quantas pessoas fazem parte desse seu primeiro grupo? Quem são essas pessoas?

_____

_____

_____

3 Atualmente, você faz parte de mais algum grupo social? Qual?

_____

_____

_____

4 Circule as frases corretas sobre o que aprendemos com nossa família.

a) Aprendemos a nos relacionar com outras pessoas.

b) Aprendemos a maltratar todos.

c) Aprendemos a respeitar os outros.

5 Recorte de jornais e revistas imagens de diferentes tipos de formação familiar e cole-as no quadro.

6 Agora, compare as imagens e converse com os colegas e o professor sobre as diferenças entre as famílias encontradas.

NOME: _____ DATA: _____

Deveres e direitos

Vamos cantar

Deveres e direitos
Crianças: iguais são seus deveres e direitos.
Crianças: viver sem preconceito é bem melhor.
Crianças: a infância não demora, logo, logo vai passar,
Vamos todos juntos brincar.
[...]

Toquinho e Elifas Andreato. © by Universal Mus Pub Mgb Brasil/ Tonga Edições Musicais.

Atividades

1 O que a música de Toquinho fala sobre direitos e deveres?

_____

_____

2 Copie da música "Deveres e direitos" o verso que melhor representa a imagem a seguir.

_____

_____

História 207

3 Ligue as palavras ao significado delas.

a) deveres

• Diz respeito às atividades prazerosas realizadas nos momentos de descanso.

b) direitos

• É o que cada cidadão deve exigir, de acordo com as leis do lugar onde vive.

c) lazer

• É o que cada cidadão tem de fazer, de acordo com as leis do lugar onde vive.

4 Marque com um **X** os deveres das crianças.

a) ☐ Respeitar a vida de outra pessoa.

b) ☐ Respeitar os mais velhos.

c) ☐ Ser preconceituoso.

d) ☐ Manter seus pertences organizados.

e) ☐ Estudar e assistir às aulas com atenção.

f) ☐ Respeitar, preservar os lugares e patrimônios públicos e cuidar deles.

NOME: _____ DATA: _____

Tenho o direito de brincar

Toda criança tem o direito ao descanso e ao lazer.

Atividades

1 Faça um **X** nas cenas que mostram alguns direitos das crianças.

☐

☐

☐

☐

☐

☐

Você sabia que brincar é muito importante para a formação de uma pessoa? Brincar é um dos direitos da criança!

História

2 Escreva o nome das brincadeiras de que você mais gosta.

_____

_____

3 Muitos artistas importantes retrataram brincadeiras em suas obras de arte. Observe as telas e escreva embaixo de cada uma o nome da brincadeira ou do brinquedo que ela retrata.

Bárbara Rochlitz. *Ciranda no jardim*, 2006. Óleo sobre tela, 40 × 60 cm.

Helena Coelho. *Meninos soltando pipas*, 2011. Óleo sobre tela, 40 × 50 cm.

L. Cassemiro. *Brincando de pião*, 2002. Acrílico sobre tela, 50 × 50 cm.

Orlando Teruz. *Meninas pulando corda*, 1972. Óleo sobre tela, 92 × 73 cm.

4 Agora, você será o artista! Desenhe em uma folha à parte a brincadeira em grupo de que você mais gosta.

NOME: _____ DATA: _____

Brinquedos de outros tempos

Os brinquedos fazem parte da vida das crianças há muito tempo. Ao longo dos anos, eles sofreram algumas mudanças. Os materiais são outros e novas tecnologias foram empregadas, porém a função deles permanece a mesma: divertir e ensinar.

Atividades

1 Relacione as duas colunas ligando os brinquedos antigos às respectivas versões atuais.

2 Agora, escreva o nome dos brinquedos que você relacionou acima.

_____

História 211

3 Faça uma entrevista com um de seus avós, ou outra pessoa mais velha, sobre as brincadeiras e os brinquedos da infância dele. Peça a ajuda do entrevistado para preencher a ficha a seguir.

Nome do entrevistado: _____ Idade: _____

Cidade em que nasceu: _____

Brincadeiras de quando ele era criança: _____
_____
_____

Brinquedos preferidos: _____
_____
_____

Materiais de que eram feitos os brinquedos: _____
_____
_____

Local em que brincava: _____

Com quem brincava: _____

4 Agora, releia a entrevista e responda às questões a seguir.

a) Você já experimentou alguma brincadeira ou brinquedo citado pelo seu entrevistado? Qual?

_____
_____

b) Ele citou alguma brincadeira desconhecida que você gostaria de aprender? Qual?

_____
_____

Ontem, hoje e amanhã

Vamos brincar

O tempo

O tempo perguntou para o tempo
Quanto tempo o tempo tem.
O tempo respondeu para o tempo
Que o tempo tem tanto tempo
Quanto tempo o tempo tem.

Parlenda.

Atividades

1 Encontre no diagrama três palavras que se referem à passagem do tempo e utilize-as para completar as frases a seguir.

P	R	E	S	E	N	T	E
A	Q	I	H	G	X	B	K
S	T	F	X	Z	Ç	J	R
S	C	D	N	V	M	O	P
A	E	S	G	Z	P	U	I
D	Q	R	Z	W	K	L	N
O	P	Q	R	S	T	U	W
Y	W	F	U	T	U	R	O

a) _____ é o que já aconteceu.

b) _____ é o que está acontecendo agora.

c) O que ainda acontecerá é o _____.

História 213

2) Numere as imagens seguindo a ordem cronológica da vida de uma pessoa.

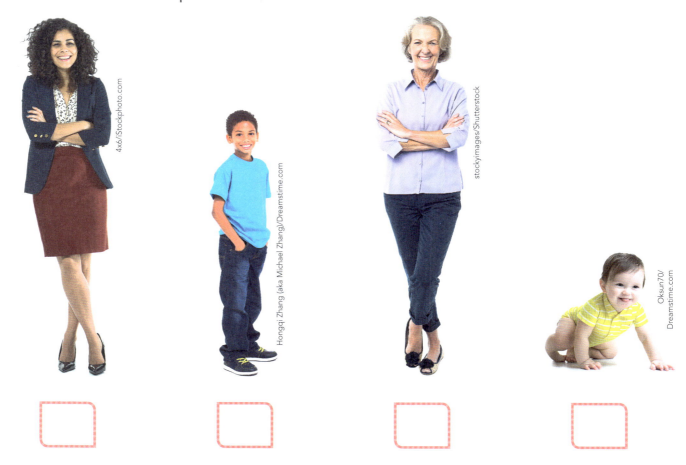

3) Escreva a letra inicial do nome das figuras a seguir e descubra o nome de um objeto utilizado para medir a passagem do tempo.

_____

4) Complete as informações.

a) O dia tem _____ horas.

b) Metade de um dia tem _____ horas.

NOME: _____ DATA: _____

Organizando o tempo

Atividades

1. Leia e observe a tirinha do Chico Bento.

Mauricio de Sousa. *Almanaque do Chico Bento*. Editora Panini, n. 30, p. 82, dez. 2011.

- Você costuma organizar seu dia ou sempre chega atrasado a seus compromissos?

_____

2. Escolha um dia da semana e organize sua agenda escrevendo o horário das tarefas e dos compromissos que você tem nesse dia.

Dia: _____ / _____ / _____

a) ____ : _____
b) ____ : _____
c) ____ : _____
d) ____ : _____
e) ____ : _____
f) ____ : _____
g) ____ : _____

História 215

3) Circule a imagem do instrumento utilizado para registrar a passagem do tempo em dias, semanas e meses.

4) Como é chamado o período de tempo que dura 365 ou 366 dias? Marque com um **X** a resposta correta.

a) ☐ Semana.   b) ☐ Dia.   c) ☐ Ano.

5) Peça a ajuda de um adulto e construa uma linha do tempo de sua vida em uma folha à parte. Inicie-a com o dia de seu nascimento e vá marcando os momentos mais importantes para você. Veja um exemplo.

2007 — Nascimento.
2008 — Festejei meu aniversário de 1 ano.
2010 — Primeiro dia de aula na escola.
2011 — Meu irmão nasceu.
2012 — Ganhei minha bicicleta.

NOME: _____ DATA: _____

Minha escola

Além da família, a escola é outro grupo social do qual toda criança tem o direito de participar.

Atividades

1 Escreva o nome completo da escola em que você estuda.

_____
_____

2 Faça uma pesquisa para conhecer a história de sua escola. Depois, responda às questões a seguir.

a) Por que a escola tem esse nome?

_____
_____

b) Em que data ela foi fundada?

_____

c) Quantos alunos estudam nela? _____

História

3 Pesquise, com a ajuda do professor, o nome das pessoas que exercem as seguintes funções na escola onde você estuda.

a) _____ é o(a) diretor(a) da escola. Ele(a) dirige a escola.

b) _____ é o(a) vice-diretor(a) da escola. Ele(a) auxilia o(a) diretor(a) e, na ausência dele(a), assume esse lugar.

c) _____ é o(a) secretário(a) da escola. Ele(a) cuida dos documentos, atende aos pais e tem também outras funções.

4 Agora, escreva o nome dos demais funcionários da escola, se houver, e escreva a atividade que cada um realiza.

_____

_____

_____

5 Quantos professores você tem? Desenhe-os no quadro a seguir e escreva o nome deles.

NOME: _____ DATA: _____

As moradias

As moradias podem ser de diferentes tipos: casas térreas, sobrados, prédios, barracos, construções de palafitas, de pau a pique etc. Cada uma delas necessita de materiais e procedimentos diferentes para ser construída.

Além disso, vários fatores interferem na construção das moradias, por exemplo: local, cultura, clima, situação financeira etc.

Vamos ler

A casa

[...]
É verdade,
essa amizade
há tanto tempo
que não muda!
Seu Cimento
e seu Tijolo:
essa dupla
não desgruda...

Do abraço
desses dois,
vai surgindo
a moradia.
Uma casa!
Puxa vida!
É o princípio
da alegria!!

Cláudio Thebas. *Amigos do peito*. Belo Horizonte: Formato Editorial, 1996. p. 5.

Atividades

1) Marque as afirmações corretas com um **X**.

a) ☐ Nossa casa nos abriga do frio, do calor, do vento e da chuva.

b) ☐ A função de uma casa é ser um depósito de objetos.

c) ☐ A casa também nos abriga na hora do descanso.

2) Há vários tipos de moradia. Cada uma é construída com um tipo diferente de material. Converse com um adulto que more com você e descubra quais foram os materiais usados na construção de sua moradia. Depois, circule o nome deles.

areia   madeira   barro   tijolo   palha

papelão   cimento   plástico   ferro

3) Encontre no diagrama o nome de alguns tipos de moradia e escreva-o embaixo da imagem a que se refere.

P	A	L	A	F	I	T	A
Q	M	J	I	R	Ç	B	K
E	D	I	F	Í	C	I	O
K	M	E	Ç	I	A	D	W
G	H	D	A	O	S	E	H
V	O	G	B	W	A	F	J
A	F	U	C	Y	Y	G	K
Z	S	O	B	R	A	D	O

4) Em uma folha à parte, desenhe os cômodos de sua casa e circule aquele onde você mais gosta de ficar.

Os vizinhos

As construções próximas de nossa casa formam a **vizinhança**. E as pessoas que moram ou trabalham na vizinhança são nossos **vizinhos**.
Para vivermos bem, é essencial que todos cooperem com a limpeza e a conservação do lugar. O respeito entre os vizinhos também é muito importante para tornar agradável o lugar em que moramos.

Atividades

1. Ligue a palavra **vizinhos** à frase que melhor a define.

vizinhos

- São pessoas que moram ou trabalham em nossa casa.

- São pessoas que moram ou trabalham bem distante de nossa casa.

- São pessoas que moram ou trabalham perto de nossa casa.

2 Observe os quadrinhos e responda às questões.

- A cena mostra uma atitude de respeito ou de desrespeito com os vizinhos? Comente.

___

3 Você conhece seus vizinhos? Observe sua vizinhança para responder às questões a seguir.

a) Você tem vizinhos à direita de sua casa? Quem são?

___

b) Você tem vizinhos à esquerda de sua casa? Quem são?

___

c) Caso você more em um edifício, provavelmente tem vizinhos em cima e embaixo de seu apartamento. Escreva quem são eles e localize-os.

___

d) O que limita ou separa sua casa da casa de seus vizinhos?

___

Geografia

NOME: _____ DATA: _____

A rua onde moro

Mauricio de Sousa. *Mônica*, São Paulo: Globo, n. 139, jun. 1998.

A rua é um caminho, uma via pela qual pessoas e veículos circulam. Há ruas movimentadas (que podem ser chamadas de avenidas) e ruas por onde passam poucos meios de transportes e pessoas. Para facilitar a identificação da rua e nossa localização, todas as ruas têm um nome.

Além disso, a rua é um local público, ou seja, um local que todos podem frequentar. Normalmente há calçadas nas laterais das ruas, locais seguros onde as pessoas devem caminhar.

Rua Assis Figueiredo, em Poços de Caldas, Minas Gerais.

Rua do Rosário, em Pirenópolis, Goiás.

Geografia 223

Atividades

1 Marque as informações verdadeiras com um **X**.

a) ☐ A rua é um local público.

b) ☐ Todas as ruas são iguais.

c) ☐ Uma rua muito larga e com bastante movimento de veículos e pessoas recebe o nome de avenida.

d) ☐ Toda rua tem um nome.

e) ☐ Há ruas movimentadas e ruas com pouca movimentação de carros e pessoas.

f) ☐ As pessoas devem caminhar entre os carros.

g) ☐ As pessoas devem caminhar nas calçadas.

2 Escreva o nome da rua onde você mora e o número de sua casa ou seu apartamento.

_____

_____

3 Quais são as principais características da rua onde você vive? Descreva-as.

_____

_____

4 Pesquise o Código de Endereçamento Postal (CEP) da rua onde você mora e escreva-o aqui.

_ _ _ _ _ – _ _ _

> O Código de Endereçamento Postal (CEP) ajuda-nos a localizar endereços. Ele é composto de cinco números, um traço e mais três números. Veja um exemplo: **01203-001.**

5 Em uma folha à parte, faça um desenho para representar a rua onde você mora.

Geografia

NOME: _____ DATA: _____

Observando o lugar onde moro

Vamos ler

A rua diferente

Na minha rua estão
cortando árvores
botando trilhos
construindo casas.

Minha rua acordou mudada.
Os vizinhos não se conformam.
Eles não sabem que a vida
tem dessas exigências brutas.
[...]

Carlos Drummond de Andrade. *Alguma poesia*. 2. ed. Rio de Janeiro: Record, 2002. p. 35.

> No lugar onde moramos há elementos naturais (típicos da natureza), como rios e montanhas, e elementos culturais (criados ou transformados pelos seres humanos), como ruas e prédios.

Atividades

1 Relacione a segunda coluna com a primeira.

a) elementos naturais

b) elementos culturais

c) ponto de referência

☐ Elemento escolhido para facilitar a localização; serve para orientação.

☐ São os elementos construídos ou transformados pelos seres humanos.

☐ São os elementos da natureza.

Geografia 225

2 Cite elementos naturais encontrados na rua onde você mora.

_____
_____
_____

3 Cite elementos culturais que há na rua onde você mora.

_____
_____
_____

> As ruas podem apresentar transformações no decorrer do tempo, como a construção de novas moradias e estabelecimentos comerciais, criação de área de lazer, ampliação de vias, mudança na pavimentação etc.

4 A rua onde você mora foi transformada com o passar do tempo? Caso não tenha certeza, pergunte a um adulto que mora com você e, depois, escreva o que descobriu.

_____
_____

5 Há algum elemento cultural que você gostaria que houvesse na rua onde você mora? Qual? Por quê?

_____
_____

6 Você estudou que "ponto de referência" é um elemento que escolhemos para nos localizarmos e nos orientarmos no espaço. Agora, escolha um ponto de referência próximo a sua casa e descreva-o.

_____
_____

Geografia

NOME: _____ DATA: _____

O bairro

Um conjunto de ruas e avenidas próximas forma um bairro. Assim como as ruas, os bairros também têm nome e são locais públicos, que devem ser preservados por todos. Cada bairro tem suas próprias características. Há bairros residenciais, comerciais, industriais e mistos.

Atividades

1) Qual é o nome do bairro onde você mora?

_____

2) A escola em que você estuda fica no mesmo bairro onde você mora? Caso fique em bairro diferente do seu, escreva a seguir o nome do bairro da escola.

_____

Geografia

3 Relacione as colunas pintando os círculos com as cores indicadas.

🟢 bairro comercial

⚪ Há moradias, estabelecimentos comerciais, escritórios, hospitais etc.

🔵 bairro residencial

⚪ Há o predomínio de estabelecimentos comerciais, lojas, escritórios etc.

🔴 bairro industrial

⚪ Há o predomínio de moradias, casas, prédios residenciais.

🟡 bairro misto

⚪ Há o predomínio de indústrias e fábricas.

4 Complete a frase.

- O bairro onde eu moro é um bairro _____.

5 Quais desses locais podem ser encontrados em seu bairro? Circule-os.

a)

Parquinho.

c)

Escola.

b)

Banco.

d)

Biblioteca.

NOME: _____ DATA: _____

Os serviços públicos oferecidos nos bairros

Os serviços públicos nos bairros são essenciais para a qualidade de vida dos moradores. Esses serviços são: fornecimento de energia elétrica e água encanada, transporte público, coleta de lixo, reciclagem de lixo, hospitais e postos de saúde, escolas, policiamento, entre outros. Para manter esses serviços, o governo arrecada dinheiro dos cidadãos por meio de impostos. Nos bairros também existem estabelecimentos particulares, como padarias, farmárcias, lojas etc.

Atividades

1 Com a ajuda de um adulto, avalie os serviços públicos do bairro onde você mora preenchendo a tabela de acordo com a legenda.

☺ ótimo   😐 bom   ☹ ruim

a) ○ água encanada
b) ○ energia elétrica
c) ○ postos de saúde
d) ○ educação

e) ○ policiamento
f) ○ coleta de lixo
g) ○ transporte coletivo
h) ○ rede de esgoto

Geografia 229

2 Quais dos transportes públicos listados a seguir servem o bairro onde você mora? Circule-os.

trem   ônibus   metrô   balsa

3 Qual é a frequência de coleta de lixo em seu bairro? Há coleta de lixo reciclável?

_____

4 Peça ajuda a um adulto que mora com você e pesquisem se há os itens listados a seguir em seu bairro. Escreva o nome dos lugares que encontrou.

a) Uma escola pública: _____

b) Uma praça: _____

c) Um posto de saúde: _____

d) Uma biblioteca: _____

5 Recorte de jornais ou revistas uma imagem que represente um serviço público que esteja em falta ou funcione de modo deficiente no bairro onde você mora. Cole-a a seguir ou, se preferir, faça um desenho para representar esse serviço.

NOME: _____ DATA: _____

A escola

As escolas são frequentadas por pessoas de várias idades. Algumas escolas são grandes, outras bem pequenas. Os espaços e os cursos oferecidos podem ser diferentes em cada escola. A função da escola é promover o ensino e o aprendizado, a convivência, o respeito e a socialização entre as pessoas.

Atividades

1. Pinte a opção que se refere ao tamanho da escola em que você estuda.

| grande | média | pequena |

2. Qual é o espaço da escola de que você mais gosta? Escreva o nome dele.

_____

3. Em uma folha à parte, desenhe sua escola.

Geografia 231

4 Circule os espaços que há em sua escola e informe a quantidade de cada um deles.

a) sala de aula ☐   f) biblioteca ☐

b) refeitório ☐   g) sanitários ☐

c) laboratório ☐   h) sala de professores ☐

d) cozinha ☐   i) cantina ☐

e) quadra de esportes ☐   j) parquinho ☐

Outros: _____

5 Observe a paisagem e as construções ao redor de sua escola.

- Tomando como referência a frente da escola, o que está localizado:

a) à direita? _____

b) à esquerda? _____

c) em frente? _____

d) atrás? _____

6 Cite os elementos que limitam a escola com os vizinhos dela.

_____

_____

7 Escreva o nome e o endereço completo de sua escola.

Nome da escola: _____

Endereço: _____ nº: _____

Bairro: _____ Cidade: _____

Estado: _____ CEP: _____-_____

232 Geografia

NOME: _____ DATA: _____

Os meios de transporte

As pessoas utilizam meios de transporte para se locomover de um lugar para outro, e também para transportar mercadorias, como alimentos ou materiais de construção.
Os meios de transporte são classificados em três tipos: aéreos (circulam pelo ar), terrestres (circulam pelo solo) e aquáticos (circulam pela água).
Os meios de transportes também são classificados em individuais (que transportam poucas pessoas) ou coletivos (que transportam muitas pessoas).

Avião.

Carro.

Ônibus.

Navio.

Geografia 233

Atividades

1 Complete as afirmações corretamente utilizando as palavras do quadro.

> individual – coletivos

a) O ônibus e o avião são exemplos de transportes _____.

b) A bicicleta é um meio de transporte _____.

c) Os transportes _____ podem ser usados por diversas pessoas ao mesmo tempo.

2 Numere a segunda coluna de acordo com a primeira.

1. transportes terrestres ☐ circulam pelo ar

2. transportes aquáticos ☐ circulam pelo solo

3. transportes aéreos ☐ circulam pela água

3 Escreva o nome de meios de transporte que se deslocam:
a) pelo ar: _____;
b) pelo mar: _____;
c) pela terra: _____.

4 Responda às questões a seguir.
a) Quais são os meios de transporte que circulam no bairro onde você mora?

_____

b) Você utiliza algum meio de transporte para ir à escola? Qual? Ele é público ou privado? É aéreo, terrestre ou aquático?

_____

_____

Geografia

NOME: _____ DATA: _____

O trânsito no bairro

O movimento de pessoas e veículos que você vê no seu bairro tem o nome de **trânsito**.
As placas e os sinais luminosos ajudam a organizar o trânsito, como o semáforo para veículos, o semáforo para pedestres, as faixas de segurança e as placas de aviso e advertência.

Luciano Galvão/Luggui Photos

Alf Ribeiro/Pulsar Imagens

Atividades

1 Ligue as pessoas aos papéis que exercem no trânsito.

a) ciclista •   • Pessoa que está dentro de um meio de transporte, mas não o conduz.

b) motorista •   • Pessoa que conduz uma bicicleta.

c) passageiro •   • Pessoa que conduz uma motocicleta.

d) motociclista •   • Pessoa que anda a pé.

e) pedestre •   • Pessoa que dirige um veículo.

Geografia 235

2) Complete o diagrama com o nome das vias criadas para a circulação dos elementos ilustrados.

3) Pesquise o significado das sinalizações a seguir e escreva-o.

_____   _____   _____

_____   _____   _____

236 **Geografia**

NOME: _____ DATA: _____

Nosso planeta Terra

Terra é o nome do planeta em que moramos. Nele há seres com vida e elementos sem vida.
O Sol, que é uma estrela, fornece luz e calor ao nosso planeta. Já a Lua é o satélite natural da Terra.

Atividades

1 Em cada questão, circule a resposta correta.

a) Qual é a imagem que representa o planeta em que vivemos?

b) Como se chama a estrela que fornece luz e calor para nosso planeta?

Sol   Alnitak   Barnard

c) Qual é o nome do satélite natural do planeta Terra?

Titã   Lua   Caronte

2 Pesquise quais são as fases da Lua e escreva-as a seguir.

Ciências 237

Seres vivos e elementos não vivos

No planeta Terra há seres com vida e elementos que não têm vida. Os seres que têm ciclo de vida – ou seja, que nascem, alimentam-se, crescem, podem se reproduzir e morrem – são chamados de **seres vivos**. Já os **elementos não vivos** não têm ciclo de vida.

Atividades

1 Ligue corretamente os elementos do ambiente à sua classificação.

seres vivos

elementos não vivos

- ar
- animais
- água
- terra
- luz do Sol
- plantas
- pedras
- areia

2 Por que os seres a seguir são chamados de seres vivos? Explique com suas palavras.

NOME: _____ DATA: _____

Ambientes do planeta Terra

No planeta Terra existem **ambientes aquáticos** e **ambientes terrestres**.

Atividades

1. Observe as imagens a seguir e classifique-as em ambiente aquático ou ambiente terrestre.

_____ _____

_____

2. Encontre alguns elementos não vivos nas imagens da atividade anterior e escreva o nome deles a seguir.

_____

_____

Ciências 239

Cuidados com o ambiente

Os seres humanos retiram da natureza elementos que são necessários à sua sobrevivência. No entanto, isso deve ser feito de modo que não cause grande prejuízo ao equilíbrio do ambiente.

Atividades

1 Pesquise em um dicionário o significado do termo **equilíbrio** e escreva-o a seguir usando suas palavras.

_____

_____

2 Escreva **V** para as afirmações verdadeiras e **F** para as falsas.

a) ☐ Quando árvores são derrubadas, novas árvores devem ser plantadas.

b) ☐ Tomar banho rápido e evitar deixar a torneira aberta são atitudes que ajudam a economizar água.

c) ☐ Devemos lavar o carro ou a calçada utilizando a mangueira.

d) ☐ O lixo deve ser depositado em lixeiras tampadas.

3 A coleta seletiva beneficia o ambiente. Observe a cena e ligue cada criança à lixeira correta.

NOME: _____ DATA: _____

Animais

Os animais apresentam muitas características que os diferenciam. Alguns estão adaptados ao ambiente terrestre e outros ao ambiente aquático. O local onde vivem e encontram as condições necessárias para sobreviver é chamado de hábitat.

Atividades

1 Separe os animais de acordo com o hábitat. Para isso, trace uma linha ao redor de cada grupo.

2 Os animais também se locomovem de maneiras diferentes. Escreva exemplos de animais que:

a) nadam: _____ ;

b) voam: _____ ;

c) rastejam: _____ ;

d) andam: _____ .

Ciências

3 Observe a cobertura do corpo dos animais a seguir e classifique-os utilizando as palavras do quadro.

> pelo – pena – escama – placa dura

a)

_____

c)

_____

b)

_____

d)

_____

4 Os animais também se diferenciam no tipo de alimento que consomem. Faça a correspondência correta entre as colunas a seguir.

a) Animais que se alimentam apenas de plantas. • • onívoros

b) Animais que se alimentam apenas de outros animais. • • herbívoros

c) Animais que se alimentam tanto de plantas quanto de outros animais. • • carnívoros

NOME: _____ DATA: _____

Plantas

As plantas também podem ser chamadas de vegetais. Algumas vivem na água, mas a maioria vive em ambiente terrestre. Para sobreviver, elas necessitam de luz do Sol, água, solo rico em nutrientes, gás oxigênio e gás carbônico.

Atividades

1 Classifique as plantas a seguir quanto ao ambiente onde vivem.

_____   _____

2 Escreva **V** para as afirmações verdadeiras e **F** para as falsas.

a) ☐ As plantam fornecem alimentos para os seres humanos.

b) ☐ As plantas poluem o ar.

c) ☐ As plantam servem de abrigo para muitos animais.

d) ☐ Muitos medicamentos são produzidos à base de plantas.

e) ☐ As plantas são seres vivos.

3 Complete o diagrama de palavras escrevendo o nome da parte da planta retratada em cada imagem.

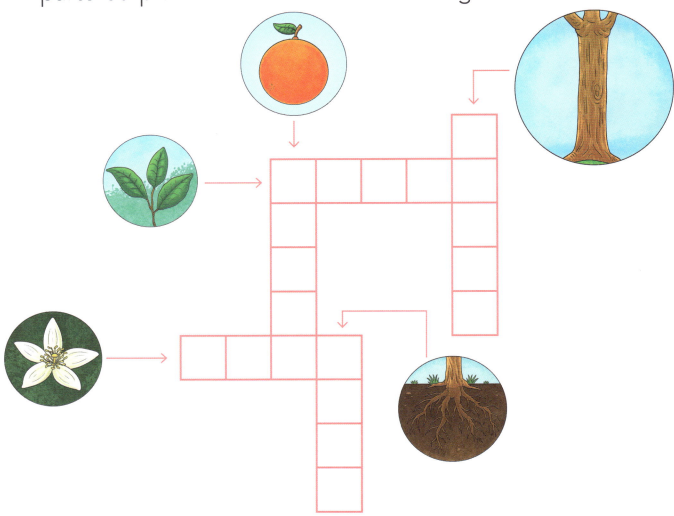

4 Agora, leia as funções descritas a seguir e escreva a qual parte da planta cada uma se refere.

a) Fixa a planta no solo e dele retira água e nutrientes: _____.

b) Transporta água e nutrientes para todas as partes da planta: _____.

c) É responsável pela respiração, transpiração e produção do próprio alimento: _____.

d) Participa da reprodução das plantas: _____.

e) Protege a semente, que fica em seu interior: _____.

5 Em uma foha à parte, desenhe uma planta completa.

NOME: _____ DATA: _____

Ser humano

O ser humano é um animal racional e apresenta ciclo de vida, portanto é um ser vivo. Ele geralmente se comunica com seus semelhantes por meio da fala.

As pessoas têm semelhanças físicas, mas também apresentam características que as diferenciam umas das outras.

Vamos ler

Diversidade

[...]
Um é magrelo
Outro é gordinho
Um é castanho
Outro é ruivinho
[...]
Tudo é humano,
Bem diferente
Assim, assado
Todos são gente
[...]

Tatiana Belinky. *Diversidade*. São Paulo: Quinteto Editorial, 1999. p. 6 e 32.

Atividades

1 Após a leitura do poema, responda às questões a seguir.

a) As pessoas descritas no poema são todas iguais?

_____

_____

b) Por que o poema em um momento afirma que todos são diferentes e depois termina dizendo que todos são gente?

_____

_____

2 Observe-se em um espelho e assinale suas características físicas entre as opções a seguir.

a) ☐ pele escura
b) ☐ olhos pretos
c) ☐ olhos azuis
d) ☐ cabelos claros
e) ☐ cabelos lisos

f) ☐ pele branca
g) ☐ olhos castanhos
h) ☐ olhos verdes
i) ☐ cabelos escuros
j) ☐ cabelos crespos

3 Escolha uma das crianças a seguir e circule-a. Depois, descreva as características físicas dela.

_____

_____

4 Pinte os quadros que contêm as opções que completam a frase corretamente.

- Podemos herdar características físicas de:

nossos pais.	nossos vizinhos.	nossos colegas.
nossos professores.	nossos tios.	nossos avós.

246 Ciências

NOME: _____ DATA: _____

Reprodução do ser humano

Como todo ser vivo, o ser humano pode se reproduzir, dando continuidade à espécie humana.

A gestação do novo indivíduo ocorre dentro da barriga da mulher (fêmea) e, normalmente, demora 9 meses para se completar. Nesse período, o feto recebe oxigênio e nutrientes pelo cordão umbilical, que o liga à mãe. Ao nascer, o bebê se alimenta de leite materno.

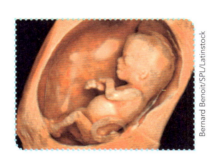

Atividade

1 Ligue as colunas para completar as informações.

a) A gestação humana... • • se alimenta de leite materno.

b) Normalmente, uma gravidez... • • ocorre dentro da barriga da mãe.

c) O feto... • • tem a duração de 9 meses.

d) Ao nascer, o bebê... • • recebe oxigênio e nutrientes pelo cordão umbilical.

Ciências 247

Desenvolvimento do ser humano

Ao longo de sua existência, normalmente o ser humano passa por algumas fases: infância, adolescência, fase adulta e velhice.

Atividade

1) Observe as imagens e escreva o nome da fase do desenvolvimento humano que corresponde a cada uma. Depois, complete as frases.

_____   _____

_____   _____

a) Do nascimento até aproximadamente 12 anos, o ser humano vive a fase da _____.

b) A _____ ocorre aproximadamente dos 12 aos 20 anos.

c) A _____ inicia-se após a adolescência e vai até os 65 anos, aproximadamente.

d) A fase que se inicia aos 65 anos de idade é chamada de _____.

NOME: _____ DATA: _____

Corpo humano

O corpo humano é dividido em: cabeça, tronco, membros superiores – os braços – e membros inferiores – as pernas. O tronco é formado pelo pescoço, tórax e abdome.
É importante cuidar do corpo para ter saúde!

Atividades

1 Encontre no diagrama o nome das partes do corpo humano e escreva-os nos locais indicados na imagem.

M	E	M	B	R	O	S	Z
Q	F	G	K	Ç	O	P	X
A	W	P	L	R	T	Ç	N
C	A	B	E	Ç	A	X	K
M	V	Z	A	Q	Y	U	P
N	W	T	R	O	N	C	O

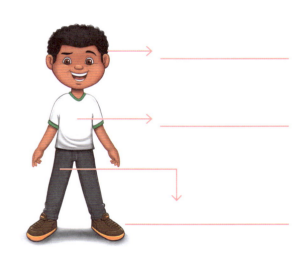

2 Na cabeça dos seres humanos existe uma estrutura óssea chamada crânio, que protege um importante órgão do corpo humano. Organize as letras e descubra o nome desse órgão.

C O R B E R É _____

3 Circule os órgãos que se localizam na cabeça.

coração   pulmão   olho

nariz   orelha   boca

Ciências

4 Complete as frases retirando do quadro a informação correta.

> mãos – peito – barriga – pé – braços – coxa – antebraços – perna

a) O tórax também é chamado de _____.

b) A _____ é o nome popular do abdome.

c) Os membros superiores são formados por _____, _____ e _____.

d) A _____, a _____ e o _____ formam cada membro inferior.

5 Precisamos cuidar muito bem de nosso corpo. Leia as afirmações a seguir e escreva **certo** para as afirmações que julgar corretas e **errado** para as afirmações que julgar incorretas.

a) [ ] Para manter o corpo saudável é necessário ter bons hábitos de higiene.

b) [ ] As vacinas ajudam a prevenir doenças.

c) [ ] Ter uma alimentação saudável é uma forma de manter boa saúde.

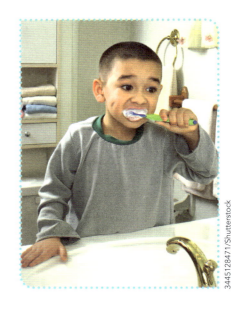

d) [ ] A ingestão de doces em excesso faz parte de uma alimentação saudável.

e) [ ] Não se deve ir ao dentista.

f) [ ] Praticar atividade física é importante para a saúde do corpo.

NOME: _____ DATA: _____

Alimentos

Para o corpo ter um bom desenvolvimento, o ser humano necessita de uma alimentação balanceada. Consumir frutas, verduras e alimentos naturais é uma escolha saudável.

Mauricio de Sousa. *Almanaque da Magali*, n. 26. São Paulo: Panini, abr. 2011.

Atividades

1 Responda: Por que a Magali prefere a couve-flor?

_____

_____

2 Encontre no diagrama o nome de cinco frutas que podemos comer como sobremesa e escreva-os ao lado.

M	E	L	A	N	C	I	A
Q	F	A	K	Ç	O	P	Q
A	W	R	Ç	R	T	Ç	Z
A	B	A	C	A	X	I	W
M	V	N	A	Q	U	V	A
N	W	J	Y	O	N	C	
R	B	A	N	A	N	A	

Ciências

3 Em cada item, organize as sílabas para descobrir o nutriente que o alimento apresentado tem. Depois, complete a informação.

a) | dios | li | pí |

Os _____ participam da formação de substâncias importantes para o funcionamento do organismo.

b) | í | te | pro | nas |

As _____ são nutrientes essenciais para o crescimento do corpo humano.

c) | i | bo | car | tos | dra |

Os _____ fornecem energia para realizarmos atividades.

4 Pesquise, com o auxílio de um adulto, um produto industrializado feito de cada alimento natural a seguir.

_____ _____ _____ _____

5 Classifique os alimentos quanto a sua origem (animal, vegetal ou mineral).

a) Agrião, mamão, feijão e cenoura: _____.
b) Água e sal: _____.
c) Queijo, mel, linguiça, ovos e peixe: _____.

NOME: _____ DATA: _____

Sentidos

O ser humano está, a todo o momento, recebendo informações do mundo: ouve sons, sente cheiros, sente sabores, enxerga imagens e percebe sensações dos elementos ao redor. Tudo isso é possível por meio dos sentidos: **visão**, **audição**, **olfato**, **gustação** e **tato**.
O corpo humano tem órgãos relacionados aos sentidos: **olhos**, **orelhas**, **nariz**, **língua** e **pele**. A pele reveste todo o corpo humano, mas é nas **mãos** que a sensibilidade é mais aguçada.

Atividades

1 Observe a cena e responda às perguntas.

a) Qual foi o critério utilizado para agrupar as peças do jogo?

_____

b) Qual sentido as crianças utilizaram para fazer essa separação?

_____

c) Se as crianças estivessem com os olhos vendados, que critério elas poderiam utilizar para separar as peças? Indique o sentido e o órgão utilizado nessa situação.

_____
_____

2) Desenhe o órgão do sentido da visão.

3) Circule as cenas em que a criança está percebendo o gosto dos alimentos.

4) A língua é o órgão da gustação. Ela apresenta locais mais sensíveis a determinados gostos. Organize as sílabas e descubra esses gostos.

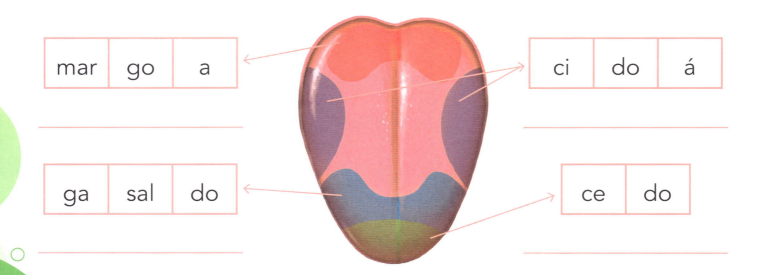

NOME: _____ DATA: _____

Um pouco mais sobre os sentidos

Atividades

1) Observe o quadrinho e marque um **X** na alternativa correta.

Quadrinho do Menino Maluquinho.

a) A qual sentido do corpo humano se refere o quadrinho acima?

☐ Visão. ☐ Tato. ☐ Audição. ☐ Gustação. ☐ Olfato.

b) Qual é o órgão correspondente ao sentido referido?

☐ Olhos. ☐ Nariz. ☐ Mãos. ☐ Orelha. ☐ Língua.

2) Qual sentido possibilita que as pessoas percebam os cheiros?

_____

3) Agora, pinte o órgão correspondente ao olfato.

Ciências 255

4 Observe a cena e complete a frase.

- As crianças estão percebendo o mundo por meio do _____.

5 Observe a cena, pesquise e responda à questão.

- A menina com deficiência visual utiliza o tato para ler. Como se chama o sistema de escrita e leitura que ela está utilizando?